家庭教育必读丛书

U0641297

学会陪伴
学会爱

家长学堂

山东省教育科学研究院 组编 　　王治芳 主编

幼小班

山东教育出版社

图书在版编目（CIP）数据

学会陪伴学会爱：家长学堂. 幼小班 / 王治芳主编 . 一 济南：山东教育出版社，2020.7（2022.1重印）

（家庭教育必读丛书）

ISBN 978-7-5701-1019-3

Ⅰ. ①学… Ⅱ. ①王… Ⅲ. ①学前儿童－家庭教育－家长学校－教材 Ⅳ. ①G78

中国版本图书馆CIP数据核字（2020）第057303号

JIATING JIAOYU BIDU CONGSHU

XUEHUI PEIBAN XUEHUI AI: JIAZHANG XUETANG

YOUXIAO BAN

家庭教育必读丛书

学会陪伴学会爱：家长学堂

幼小班

王治芳　主编

主管单位：山东出版传媒股份有限公司

出版发行：山东教育出版社

　　　　　地址：济南市市中区二环南路2066号4区1号　　邮编：250003

　　　　　电话：（0531）82092660　　网址：www.sjs.com.cn

印　　刷：山东新华印务有限公司

版　　次：2020年7月第1版

印　　次：2022年1月第2次印刷

开　　本：710毫米×1000毫米　1/16

印　　张：14

印　　数：6001－11000

字　　数：210千

定　　价：30.00元

（如印装质量有问题，请与印刷厂联系调换）印厂电话：0538-6119313

前 言

与孩子相遇是美丽的缘分。花开有声，成长有径，处在身心发展关键期的孩子，需要家长精心引导和栽培，为他们提供适宜成长的土壤，在他们的心灵中埋下真善美的种子，助推他们成人成才。

家庭是开启智慧、培养品德、塑造个性的摇篮。家庭教育作为人生教育的起点和基点，对孩子的未来发展有着不可估量的影响。为此，我们依据《全国家庭教育指导大纲（修订）》和《山东省中小学（幼儿园）家长学校课程指南》，研发了家庭教育必读丛书《学会陪伴学会爱：家长学堂》。

本丛书共 18 册，按照孩子年龄，0—18 岁每年一册，按序排列，帮助家长依据孩子身心发展特点提升家庭教育水平。丛书分孩子发展、教养策略、家庭建设和合作共育（3—18 岁增设）四个模块，每个模块设定若干主题，每个主题围绕典型案例展开论述。孩子发展指家长在了解孩子身心特点和成长规律的基础上促进其积极发展；教养策略指家长在科学育儿理念指导下，运用家庭教育相关知识养育孩子的方式与方法，含特殊家庭的教养策略；家庭建设指家庭成员的角色认同、家人和谐关系的构建、家庭生活资源的管理、家风家训的传承等；合作共育指家庭、学校、社会协同育人，含家长学校、家委会、社区活动等形式。丛书内容螺旋上升，多维展现不同年龄段孩子发展中的学业适应、情绪管理、行为管理及关系处理等家庭教育常见问题，帮助家长跟随孩子成长的节奏，及时更新知识结构，提供解决实际问题的方法建议。本丛书旨在引导家长树立科学的儿童发展观，发掘孩子的积极品质，培育孩子的探索与专注、依恋与共情、表达与沟通、独立与责任、思维与创造、规则与安全、分享与合作等基本素养，为孩子提供良好的发展资源，使孩子自身蕴藏的潜能得以激发，同时帮助家长与孩子共同成长。

丛书中案例皆来自家庭生活及教学一线，具有代表性。在分析案例的同时，作者团队依据教育学、心理学、家庭学和社会学等理论，提出切实可行的建议。丛书既授人以鱼，又授人以渔，是一套难得的有梯度的科学理论指导和实操应用相结合的教子丛书。

本分册适合幼儿园小班孩子的家长阅读。3—4岁是孩子人生的第一个转折，是孩子从家庭生活到集体生活过渡的一个重要时期。他们的身心发展有了显著变化，更需要家长的格外关注、亲情陪伴和耐心指导。本分册介绍了适合幼儿园小班孩子的家庭教育方法和先进理念，案例皆来自教学一线及家庭生活，具有普遍性。在分析案例的同时，作者依据教育学、心理学、家庭学和社会学等理论，提出切实可行的建议。本书将通俗易懂的理念和便于落地的策略相结合，满载着教育的深情和智慧，具有较强的科学性、指导性和可操作性。

本丛书是山东省家校共育课程建设团队集体智慧的结晶，由教育科研部门、中小学、幼儿园和高校相关人员撰写，并经过多轮课程实验及专业人员审校。

本丛书由山东省教育科学研究院研究员王治芳策划并主编，刘立新、徐继存、孙家齐等任副主编。本分册由王玉凤任主编，李健、夏云端任副主编，主要编写人员有王玉凤、李健、夏云端、潘丽、李囡囡、曲莉莉、王虹、孙少慧、卞金娟、薛梅、郑倩倩、刘玉英，另有张丽、郝冬梅、胡宁、刘启凡、李奕、胡宗宝、刘菲、魏淑华等参与编写。王治芳、王玉凤、王俊玲、王明辉等修改统稿。

本丛书在编写过程中，得到省内外相关专家的指导与帮助，在此一并致谢！

目录

第一篇　孩子发展

第二篇　教养策略

第三篇　家庭建设

第四篇　合作共育

3—4岁的孩子好奇好问，乐于模仿，对周围的事物和现象都充满兴趣。词汇量迅速增多，愿意在熟悉的人面前大方说话，喜欢"喋喋不休"地表达自己的需求和想法；精细动作进一步发展，喜欢涂涂画画、撕撕贴贴，能用简单的线条和多种色彩进行大胆涂鸦；独立意识增强，什么事情都想自己尝试，具备一定的生活自理能力，能在他人的提醒和帮助下自己穿脱衣物，玩具和图书用完后能放回原处；思维以具体形象思维为主，容易混淆现实与想象；愿意与人交往，依恋父母和老师，偏爱同性同伴，但行动明显受情绪支配，自控力差，缺乏交往经验和技巧。

家有"小话痨"，小小年纪会"说谎"，不断追问"我从哪里来"，整天抱着小毛毯……这些行为背后隐藏了哪些孩子发展的"秘密"？本篇从3—4岁孩子的身心发展规律出发，分析孩子行为背后的原因，帮助家长充分了解孩子，站在孩子的角度去思考问题，培养孩子的探究精神和独立意识，促进孩子健康快乐的发展。

不哭不闹顺利入园

　　孩子从家庭步入幼儿园，开始崭新的集体生活。面对陌生的环境、老师和伙伴，孩子难免会产生不安全感，出现分离焦虑情绪；家长也常会因为孩子的哭闹、不适应而过于担心，产生紧张情绪。那么，如何正确认识孩子的分离焦虑？分离焦虑产生的原因有哪些？如何帮助孩子克服分离焦虑，顺利入园呢？

案例

　　明明是个刚上幼儿园的小男孩，去幼儿园的路上表现得很不情愿。刚到幼儿园门口，他就哭着喊："我不去幼儿园，不去幼儿园。"妈妈生气地说："刚才不是说得好好的，你怎么就不听话。""去也得去，不去也得去！"明明一听，哭得更厉害了。妈妈就更生气了，使劲甩开了明明的小手，"你再不进去，妈妈就不要你了！"

　　在幼儿园里，老师拿来好玩的玩具和他一起玩，明明很快就不哭了，可老师一离开，他又接着哭了起来。小朋友做游戏时，他独坐一旁观看，也不参加。到了中午吃饭的时候，明明想起了妈妈，又哭了起来，他呕喝着："我不吃饭，我要妈妈！。"老师安慰着，并给他喂饭，他的情绪暂时稳定了下来，到了午睡时间，他又哭了起来……

　　连续几天，明明都闹着不去幼儿园，妈妈心里着急但又不知该怎么办。

分析 ▶

孩子入园是从家庭生活走向集体生活、步入社会的第一步。由于孩子离开了熟悉的家庭环境，来到了陌生的幼儿园环境，会感到不适应，出现"哭闹"现象，这在心理学上称为"分离焦虑"。案例中，明明表现出了入园分离焦虑的一些典型行为表现。如：入园时哭闹，抓住妈妈不放、不肯入园；在幼儿园里情绪不稳定，有老师和他一起玩玩具时，暂时表现出心理上的平静，但一旦老师离开，他就会再次出现悲伤；拒绝参加集体活动，独坐一旁观看小朋友的游戏；在进餐、午睡等方面也表现出一些困难。产生分离焦虑的原因是什么呢？

一 家长的应对方式 ▶

案例中，妈妈虽然给明明讲了道理，但是这些简单的道理不可能很快就让孩子喜欢上幼儿园。妈妈表现出的言语恐吓、行为粗暴等不恰当行为，让明明产生了不安全感，表现出抗拒行为。家长的焦虑情绪和不恰当的应对方式会加剧孩子的分离焦虑。严重的分离焦虑会影响孩子社会适应能力的发展，当他们面对新环境时会产生恐惧心理。所以，家长要正确认知并科学应对孩子的分离焦虑。

二 孩子的依赖心理 ▶

在家时，家长会悉心照料孩子的衣食住行，孩子也对家长产生依赖心理。到了幼儿园，家长不在身边，自己又无法满足自身的需求，他们需要老师的帮助，在寻求和等待帮助的同时，孩子往往会受到情绪上的困扰。因此孩子缺乏安全感，内心产生焦虑。

三 依恋关系的变化 ▶

孩子入园前，已与父母或养育者建立了较稳定的依恋关系。入园后，孩子即面临和老师建立新的依恋关系的处境，从受到万般呵护的家庭环境转换成幼儿园的集体生活模式，自己不再是被关注的焦点，巨大的反差、依恋关系的变化造成了孩子安全感的缺失，产生了分离焦虑的情绪。

建议

> 家长应该提前做好哪些准备，才能引导孩子不哭不闹，顺利度过"入园适应期"呢？

一 ▶ 克服焦虑情绪，保持积极心态

刚开始送孩子入园，很多家长会因为担心孩子在幼儿园哭闹，吃不好、睡不好而产生焦虑情绪。这种焦虑情绪会直接影响孩子，强化孩子的焦虑。

家长要正确看待孩子入园这件事，不要让自己的担忧在言行中有意无意地流露出来。孩子是比较敏感的，很容易以家长的情绪来看待幼儿园，认为幼儿园是个不安全的地方。家长要有信心并保持积极的心态，相信孩子的适应能力，相信幼儿园和老师会帮助孩子尽快适应。家长自身的焦虑克服了，孩子的焦虑也会缓解。

研究表明，许多孩子刚入园时的哭闹，是因为有些家长经常以"不听话就送你去幼儿园"来吓唬孩子，使孩子幼小的心灵从未入园时便对幼儿园产生了强烈的恐惧心理。因此，家长应帮助孩子在心理上树立幼儿园的美好形象，谈论上幼儿园的好处和乐趣，激发孩子喜欢上幼儿园的愿望。3岁孩子认知发展能力有了

较大的提高，他们已能听懂一些简单的道理。家长要正面引导，潜移默化地引导孩子：懂得为什么要去幼儿园，知道上幼儿园是因为他长大了，幼儿园里可以学到本领，还可交到更多好朋友，这是每个孩子都必须做的事情。让孩子在心理上做好入园的准备工作。

二▶ 接纳孩子的情绪，给予爱和鼓励

让孩子时刻感受到家长是爱他的，才有勇气面对分离、面对新环境。爱和鼓励是孩子摆脱分离焦虑，适应幼儿园生活的动力源泉。入园初期，家长要多关注孩子的情绪，接纳孩子的分离焦虑。家长可以利用接送孩子的时机，观察孩子的情绪反映，积极愉快地倾听孩子的表达。比如"你认识了几位小朋友呀""今天在幼儿园做了什么好玩的游戏啦""教室里都有哪些玩具"，引导孩子说一说幼儿园发生的事，引导孩子感受上幼儿园的快乐，鼓励孩子善于发现和敢于表达。家长要善于将孩子的情感导入积极方面，进行正面引导，让孩子从内心感到被关爱，这样可以使他和老师、小朋友尽快建立起感情，从而喜欢去幼儿园。

三▶ 培养孩子的生活自理能力

在孩子入园初期，家长应该培养孩子学做力所能及的事，学着自己照顾自己，这些是孩子适应幼儿园生活的基础。自理能力强的孩子能更快适应幼儿园的新环境。

放手培养孩子基本的生活自理能力。如自己吃饭，吃饭的时间和地点固定，不能边吃边玩，不偏食、不挑食；培养孩子自己

上厕所、脱裤子、提裤子；提前在家练习穿脱衣服和鞋袜；给孩子提供简便、舒适的衣服和鞋子，便于孩子穿脱，否则会给孩子增加额外困难。

让孩子学会用语言大胆地表达自己的需求。家长要引导孩子在遇到困难时，用语言清楚地表达自己的需求，不要用哭来代替。如：想小便时，告诉老师"我要小便"；身体不舒服时，要告诉老师哪里不舒服，让老师明白应如何帮助孩子。

加强体育锻炼，增强孩子体质。由于孩子年龄小，抵御外界疾病的能力弱，再加上初到幼儿园过集体生活，不可避免地会出现免疫力下降、疾病交叉感染等情况。有些孩子刚适应了幼儿园生活，却因为生病再次出现不适应的状况。因此，良好的身体素质对孩子的幼儿园生活十分重要，也是孩子健康成长的基础。家长要利用多种机会，如带孩子到户外踢足球、放风筝、远足等，锻炼孩子的体魄，提高孩子的免疫力，增强孩子的体质。

四 ▶ 陪孩子体验幼儿园生活

现在很多幼儿园开设了科学的入园适应课程，遵循孩子的身心特点和发展规律，让孩子在自由宽松的游戏中逐渐适应幼儿园生活。比如，入园第一周会有"试园"活动，家长可以陪同孩子在园体验，熟悉幼儿园的环境、设施，认识班上的老师，了解幼儿园的一日生活规律，这些会拉进孩子和幼儿园之间的距离。

如果周围有同龄的、彼此熟悉的孩子，可以结伴入园，和熟悉的小朋友在一起，能增强孩子的安全感，让孩子减轻分离焦虑，更快地适应幼儿园生活。

五 ▶ 家园合力让孩子顺利入园

家长在孩子初入幼儿园的适应阶段要主动保持与老师的沟通。幼儿园老师具备专业知识和经验，在克服入园焦虑问题上能够为家长提供有效的建议。家长要虚心倾听老师的建议，及时向老师介绍自己孩子的个性、习惯等方面的情况。孩子在不同的家庭环境中长大，生活习惯也不尽相同，通过和老师的交流，便于老师更好地了解自己的孩子。家长也可以与老师沟通自己的育儿想法，这样有利于孩子尽快地适应幼儿园生活。

思考与应用

选择入园适应主题的绘本和孩子一起阅读，让孩子了解幼儿园生活，减轻孩子的入园焦虑。

第2课
正确对待孩子的秩序敏感期

秩序敏感期是0—6岁孩子遇到的一个特殊时期。当秩序敏感期到来的时候，很多家长认为孩子倔强、拧、固执、执拗，认为孩子以自我为中心，怎么也说不通，不听成人的话。比如，为什么孩子稍有不如意就会大哭大闹？答案便是秩序敏感期悄然而到了。当孩子对周边的世界有了初步认识之后，他们就会发现许多有趣的事物。于是，孩子开始从自己熟悉的事物如鞋子、袜子等物品开始探索，发现它们是按照某种规则和秩序存在的，而自己本身就是这种规则和秩序的一部分。这说明孩子的逻辑思维已得到初步发展，他们进入了秩序敏感期阶段。

案例

　　三岁半的邦哥上幼儿园已两月有余了。每天早上，邦哥爸爸负责叫醒邦哥，妈妈则负责给邦哥找出干净的衣物穿戴整齐，然后邦哥爸爸则会准备一盒牛奶、点心和邦哥喜欢的小汽车放进小书包，准备妥当后三人一起去幼儿园。这天早上，邦哥妈妈单位有急事，需要早点上班。于是爸爸一边给邦哥穿衣服，一边催促邦哥，而此时的邦哥突然大哭起来，边哭边喊："我不要，我要妈妈给我穿衣服！"旁边的爸爸连忙解释："妈妈上班快迟到了，咱们别影响妈妈，爸爸帮你好吗？""不嘛，我就不！"忙着自己洗漱整理的妈妈赶快发声："邦哥，加油哈！妈妈和你一起比赛，看看谁先收拾完。"听了妈妈的声音，邦哥的哭声降低了些，也能允许爸爸给穿衣服了。但爸爸给邦哥穿上衣时，一不小心用袖子勒了一下邦哥的手指，邦哥便又哭了起来："我不要穿这件衣服！我不喜欢这个颜色的衣服……"在爸爸的不断道歉和妈妈的逗弄下，邦哥终于和爸妈走出了家门。

到了幼儿园门口，为了节省时间，妈妈迅速地把邦哥从车上拉下来，并快速关上车门。这时的邦哥又哭闹起来："我不要你关门！我要自己关门！自己来！"在邦哥的坚持下，妈妈只好让邦哥重新进行了一次关门动作。路边的人不断投来询问的眼神，邦哥爸妈赶忙解释："不好意思，今天早晨孩子生起床气了！"

分析 ▶

案例中的邦哥为什么会一次次地哭闹呢？难道真的仅仅是生了"起床气"吗？邦哥在入园后的两个月里，父母给了孩子一种稳定的生活秩序：爸爸叫醒孩子——妈妈帮忙穿衣服——爸爸负责装吃的、玩的——最后一起出门。这种生活秩序已经慢慢地转变为孩子内在的一种秩序，要求每一步都不能出错。而在这个不寻常的早晨，由于妈妈着急上班而改变了一些日常秩序中的环节，如本是妈妈负责给邦哥穿衣服变为爸爸负责，这种改变打破了邦哥原有的生活秩序，让其对眼前突如其来的变化无所适从，感到恐慌，于是他便选择了情绪表达中最直接的否认方式——哭闹，来宣泄自己的恐惧和不安。生活秩序被破坏而引发的哭闹是孩子秩序敏感期的典型特征之一。

当邦哥采用哭闹的方式试图还原生活秩序时，邦哥妈妈用趣味的比赛方法暂时缓解了孩子的哭闹情绪，但这种不满情绪并没有完全发泄出来，而是压抑在孩子的内心，他需要寻找新的途径进行发泄，于是便借助爸爸的"不小心"而出现了第二次哭闹——"不穿这件衣服"。孩子为了维护原有的秩序而找出更多的理由来说"不"，这是孩子自我意识萌芽阶段的一种表现。当妈妈着急地关闭车门时，孩子的第三次哭闹出现了。孩子的秩序感升级，为了获得完成动作的机会，孩子再次哭闹。

从心理发展的角度看，秩序是孩子成长过程中的关键过程，它满足了孩子获取安全的心理需求。当孩子能够把握秩序的时候，他就具备了很强的安全感，具备安全感的孩子容易适应不同的社会环境，容易集中精力、专注地做事。孩子良好的秩序感能促进逻辑思维能力的发展和对社会规则的遵守，这些都会使孩子的生活与学习目的更加明确清晰。

建议

敏感期是短暂的，如果把握得当，它会为孩子开启智慧打下基础；而一旦消失，就可能永远不会再现。因此，家长如何正确地引导和帮助孩子平稳度过秩序敏感期尤为重要。

一▶ 理解孩子的"刻板"

儿童对秩序与一致性的喜爱，不同于成人对井然有序的喜悦与满足。儿童对秩序的喜爱，是基于对精细与确定环境的强烈需求，犹如动物需要陆地，鱼儿离不开水一样。日常生活中，家长要善于观察孩子的表现，如孩子喜欢把家人的鞋子、玩具等进行一定秩序的摆放，并不容许他人碰触。这看起来可能有点特别，但这却是孩子努力感知与理解物体之间关系的一种表现。它在无声地告诉我们：孩子对物体空间关系有了秩序的需求。

二▶ 打造有序的环境

很多家长在孩子6岁以后会发现：孩子把玩过的玩具随意乱

扔，用过的物品不能够放回原处，大人总是得在孩子的身后不断地帮忙收拾整理。这其实是家长错过孩子秩序敏感期的典型表现。因此，想要顺应孩子秩序敏感期发展的需求，首先就要从环境打造开始。一是为孩子创设井然有序的家庭环境。家里的各种物品要摆放整洁，如整齐的书架、分类放好的玩具、叠放整齐的衣服等，为孩子营造家庭物品陈列有序的氛围，鼓励孩子自己动手参与家庭物品的整理，即使孩子表现得"笨手笨脚""越帮越忙"，不仅不要斥责他们，还要耐心指导和不断表扬。二是帮助孩子形成规律的作息时间。家长可以和孩子一起设计一份科学、合理的家庭作息时间表，引导、帮助孩子遵守约定，形成时间观念和养成秩序的生活习惯。三是营造和睦的家庭氛围。家庭成员之间要和睦关爱、长幼有序，不要随意因为一点小事就爆发"家庭战争"，让孩子抽出宝贵的精力来对抗这种无序的环境。孩子在长期的舒适的家庭环境中，会逐渐形成一种追求文明、秩序的美好心态。

三 ▶ 支持有序的生活

一是秩序的示范。生活中，家长要为孩子的生活做好有序示范，例如：外出回家后先洗手再吃东西，早晨起床先刷牙再洗脸，进屋前先把鞋摆整齐，用通俗的语言告诉孩子为什么要这样做，用自身的行为示范日常生活中合理的做事顺序，顺势引导孩子养成良好的生活习惯。二是温馨的提醒。当孩子把玩具撒了一地时，家长一定不要着急，要注意循循善诱："该把玩具宝宝送回家了！""玩具箱是它的家，赶快把它送回去吧！"鼓励孩子大胆想象思考，勇敢创新解决；在公共场所中，家长要引导孩子自觉排队上下车、不大声喧哗、不乱扔垃圾等，帮助孩子感受遵守规则是光荣的，而违反规则是不道德的。通过有趣的亲身体验、语言提醒及游戏强化孩子的秩序感，帮助孩子建立规则意识。

思考与应用

家长陪孩子有秩序地进行玩具娃娃的穿脱衣服、系扣子等游戏，锻炼孩子的精细动作及协调性，培养孩子的耐心，增进亲子关系。

第3课　关注孩子性别敏感期

孩子在4岁左右，便会对自己和他人的身体差异产生强烈的好奇，他们特别关注性别的不同，因此，常常会问"为什么男孩站着小便，女孩蹲着小便""我从哪里来的"等问题。有的孩子会玩弄自己的生殖器官，这些都是孩子性别敏感期的正常现象。

案例

笑笑是个4岁的小女孩。最近幼儿园老师发现，笑笑喜欢观察小男孩小便，而且会问老师："强强为什么站着尿尿？"老师告诉她，强强是男孩子啊，男孩子就是要站着小便的；而我们笑笑是女孩子，女孩子是要蹲着小便的。

下午，妈妈来接笑笑时，老师把这件事情告诉了笑笑妈妈。妈妈说："她最近经常这样，还总问男孩儿为什么有'小鸡鸡'什么的。"接着很无奈地说道："为什么会这样呢？这多不好意思啊，我都不知道该怎么回答了。"

分析

儿童最初的性别意识从2岁半就开始萌芽了。到3岁左右，儿童的性别意识会逐渐清晰。因为他们会发觉男孩女孩除了着装、发型等不同外，身体也不一样，小便的方式也不一样，这让他们产生了非常强烈的好奇心。于是，便出现了案例中笑笑的情况。笑笑通过观察发现了自己与男孩儿的差异，这种探索和对比就是最初对性别的认识。仅仅如此，仍不能够满足他们的好奇心。因此，他们还会追问大人"我是哪里来的""我是从妈妈哪里生出来的""是谁把我种在妈妈肚子里的"等问题。其实，这就是孩子处在"性别敏感期"的正常反应。

受中国传统文化的影响，大部分家长会对有关于"性"的话题避而不谈，甚至是对孩子们表现出来的敏感期反应，表现出反感、生气、焦虑的情绪。如当男孩摆弄自己的"小鸡鸡"时，会被经常制止："丢丢丢，不许碰！"当孩子问自己是从哪来的时候，得到的回答经常是"从垃圾箱捡回来的"。当女孩偷偷模仿爸爸站着小便时，会被打屁股或严厉批评，等等。这些搪塞敷衍地回应，不仅满足不了孩子的好奇心，反而会从成人那里获取错误的信息——性知识是羞耻与神秘的。

孩子性别敏感期的反应是生命中性本能的自然发展，性别意识是儿童自我意识的一个重要组成部分。他们对于性别器官的认知犹如认识自己的眼睛、鼻子、嘴巴一样，没有丝毫其他的情感因素。他们会感受到生命的珍贵，能够尊重生命和珍爱生命，从而意识到自己是值得被爱的。对于案例中正处于"性别敏感期"的笑笑来说，家长的引导教育尤为重要。家长要重视孩子的性心理发展规律，这会影响孩子对待性别和生命的态度，以及他们成年后的爱情、婚姻、生育等方面的幸福。因此，家长要做足功课，正面引导，借机对孩子进行安全与自我保护的性教育。

建议

3—5岁是孩子性别意识发展的敏感期，家长不要大惊小怪，要储备一定的育儿知识，学会在此阶段如何应对孩子的反应，要平静地看待和科学、平等地与孩子交流。

一▶　敏感问题，不避讳

要如实、清晰地回答孩子的性问题，对生殖器官的名称要直言不讳，如同说眼睛、鼻子、嘴巴一样简单自然。引导孩子用科学、美好、健康的态度，去认识身体，了解出生的知识。如可以选择优秀的性教育绘本，亲子共同研读，探索性知识的海洋。

二▶　身体探索，不阻拦

家长不要干预孩子对自己身体的探索，不要让感知细腻的孩子觉察出不好的感受。家长可以给孩子提供一些机会来认识不同性别的身体，引导孩子获得正确的性别角色。当他们对成人的身体感兴趣时，可以满足他们摸一摸、碰一碰的要求。家长可以非常自然地与4岁以内的孩子一起洗澡或者小便，这是孩子了解成人身体最自然的方式。要注意的是成人一定不要拿孩子的生殖器官开玩笑。

三▶　性别认知，有陪伴

观察和模仿是孩子性别角色发展的重要途径。同性别的家长是孩子获得性别相适应的心理和行为最初的模仿对象。因此让孩子多跟同性别家长接触和玩耍，能够帮助孩子建立正确的性别认知。例如，过家家游戏中，女孩扮作妈妈做家务，男孩扮作爸爸去上班。可以根据孩子的性别，在玩具、服饰、游戏内容等方面给予孩子正确的指导。

四 ▶ 自我保护，常提示

教育孩子从小有自我保护的安全意识。在孩子了解自己的性别器官后，家长要告诉孩子需要隐藏应保护的私密部位，不允许他人触摸。如果有人侵犯自己的私密部位，一定要拒绝，并且要告知家长。在孩子了解了性别相关的知识之后，应该逐步为其树立规则，如别人上厕所时，不能偷看，因为那样很不礼貌；自己上厕所时，应该关上门，保护自己的隐私。

五 ▶ 利用绘本，更巧妙

当孩子的问题让家长不知如何开口时，性教育绘本可以满足孩子的好奇心，让其获得健康的性教育。

思考与应用

和孩子一起玩"指认身体部位"的游戏，帮助孩子了解自己身体的部位和性别特征。

第4课

接纳孩子的负面情绪

情绪本身不是坏东西，负面情绪更是正常的。害怕、紧张、失落、伤心、不满等都是孩子负面情绪的反应。接纳孩子的负面情绪就是接纳孩子的第一步，家长要学会读懂孩子行为背后的原因，帮助孩子养成良好的性格。

案例

妈妈最近很忙，没时间照顾朵朵。朵朵一直在奶奶家生活。周末时妈妈准备好好陪陪朵朵，决定带朵朵去公园郊游。

早上起床，朵朵对妈妈为自己准备的衣服百般挑剔，这里太紧，那里太痒。妈妈说："越大越挑剔，如果不赶紧穿衣服，我们的郊游就取消了。"朵朵很不情愿地把衣服穿好。一路上闷闷不乐地跟着妈妈向公园走去。来到公园，朵朵在妈妈的陪伴下，玩得很开心，还认识了许多小伙伴。

过了一会儿，朵朵对妈妈说想吃苹果，妈妈没有准备苹果，就从包里取出鸭梨递给了朵朵，朵朵一把将鸭梨甩在地上，就要吃苹果。妈妈气急了："怎么在奶奶家住了几天就变得这么不听话了？"朵朵哇的一声哭了，妈妈更生气了："我还没怎么着呢，你就跟我哭上了，谁打你，谁骂你了吗？"朵朵一听，哭得更厉害了。

分析 ▶

案例中可以明显看出孩子的情绪变化：急躁、愤怒、悲伤等，这些都是孩子在与家长相处的过程中出现的负面情绪。孩子为什么会出现这些情绪呢？

一　情绪是叠加效应的展现 ▶

情绪并不一定是当下的反馈，很多是长时间累积而导致的。案例中，妈妈因工作繁忙而不能陪伴孩子，导致孩子的内心非常渴望妈妈的陪伴。穿衣服时，孩子没有得到她想要的那件衣服，于是引发了孩子的负面情绪。孩子识别情绪的能力较弱，他们不懂得如何用正确的行为来表达自己的意愿，只能用哭闹来释放情绪，导致情绪被无限放大，给人一种喜怒无常的感觉，一旦感到不满就会以哭闹等方式表现出来。

二　家长要了解孩子的需要 ▶

家长要了解孩子的需要，接纳孩子情绪，进而通过正确的引导，使孩子的情绪变得积极。但是，家长往往把自己的期待以爱的名义强加到孩子身上，期待没在孩子身上得到满足，就会出现愤怒的情绪。此时家长无法接纳自己的情绪，就会指责孩子。就像案例中的家长因孩子扔鸭梨而生气后怒吼孩子，产生了亲子冲突。这种冲突的原因之一便是家长没有了解孩子的需要。

三　情绪对孩子身心发展的影响 ▶

情绪会对大脑的发展产生影响。当有人对孩子大声吼叫的时候，他们会担心、愤怒、害怕、紧张，导致很多负面情绪汇聚在一起。此时，孩子大脑中的神经元就会慢慢收回发展的触手，蜷缩起来。也就是说，一个孩子受到家长的斥责、恐吓越多，其大脑的发展就越差。与很少被家长斥责的孩子相比，经常被斥责的孩子，智力和情商都有所不足。情绪对身体也有影响。中医有句话叫"百病从气而生"，就是说一个人的负面情绪越多，身体就越不健康。情绪对孩子的人际交往及自信都有极大的影响。带有负面情绪的孩子，在与同伴交往时，会出现打人、争抢等现象，还有的孩子会出现不敢与人对视、交流的现象。

建议

情绪是一个信号，可以帮助家长了解孩子的内心。家长如何做才能了解孩子的需求和想法，帮助孩子健康、快乐地成长呢？

一▶ 尊重孩子，给孩子表达的机会

遇到孩子出现负面情绪时，家长首先要尊重孩子的感受和情绪，从孩子的角度理解孩子的行为。在处理孩子情绪时家长切忌急于下判断，要蹲下身来，倾听孩子的话语。孩子对家长是否认真倾听是有感受的。如果家长心不在焉，那么下次他对家长倾诉的热情程度就会降低。

二▶ 不溺爱孩子，不因情绪而妥协

有些家长十分宠爱孩子，事事顺着孩子的心意，以至于孩子对家长予取予求，把情绪当成了要挟工具。由于孩子年龄较小，判断是非能力较弱，家长过度的满足和溺爱，会让孩子慢慢养成执拗、霸道的性格。例如，当孩子因家长阻止他去触摸危险物品而生气时，家长可以给孩子一个拥抱后，说："妈妈不让你碰插座，所以你生气了是吗？"当家长说出这句话时，孩子明白家长是理解他们的感受的，心情就会逐渐平复下来。接下来，家长再告诉孩子不让他触碰插座的原因，他就能耐心地听进去。

三 ▶ 鼓励孩子多思考，亲子共商解决办法

和孩子共同商量解决方法，让孩子自己拿主意。当孩子早上不起床、不穿衣服时，家长可以和孩子一起玩"起床比赛"的游戏，并讨论如何能按时起床，如何选择自己喜欢的衣服。还要鼓励孩子动脑想办法：提前准备好第二天要穿的衣服、晚上要早点睡觉、商量早上起床时间等，让孩子晚上有充足的睡眠，早上有足够的准备时间。这样就能避免很多负面情绪的发生。

四 ▶ 利用游戏建立规则

游戏是每个孩子都喜欢的活动。在游戏中，孩子的情绪可以得到充分的放松。家长可以利用亲子游戏，在放松情绪的同时建立规则。例如，如果孩子回到家后，鞋子、衣服随手扔，家长怎么劝说都不听。此时可以设置"让衣服鞋子下班回家"的情景游戏，并跟孩子做好约定："爸爸回家时如果看到你的衣服、鞋子已经摆放整齐，就知道你在想爸爸。"告诉孩子这是父子之间的小秘密。这样，既可以调动孩子整理衣物的积极性，又可以调整孩子的负面情绪，培养孩子良好的自理能力和生活习惯。

思考与应用

挑选有关情绪管理的绘本，进行亲子共读，让孩子学会表达自己的情绪。

第5课　解读孩子的"诅咒语言"

当孩子某一天突然变身"小恶魔"，经常说出一些不合时宜的诅咒语言，并且越阻止，孩子越来劲，让家长既尴尬又无奈。孩子诅咒语言背后的原因是什么？家长应该如何引导呢？

案例

壮壮今年3岁，妈妈经常带他参加朋友聚会。每次参加聚会时，妈妈都会提醒壮壮要向叔叔阿姨问好。

一般情况下，壮壮都会很配合地向大家一一问好，"叔叔好，阿姨好！"可是在最近的一次聚会中，妈妈提醒壮壮向一位阿姨问好时，壮壮意外地喊了一声"阿姨臭屁！"让妈妈顿时感到无比尴尬。因为壮壮以前从来没有这样说过。当妈妈生气地纠正他时，他不但不知道收敛，反而更加过分地说："阿姨臭粑粑……"妈妈尴尬得无地自容，恨不得找个地缝钻进去。

从那以后，妈妈特别留意观察壮壮的表现。妈妈发现，不仅仅是让他跟别人打招呼时会表现得过激，在家里有时稍微不如他意，也会说出不好听的话："我打死你！""坏蛋！""你不是一个好妈妈！"

妈妈一次次地给他讲道理都没用，就是不改，这让妈妈特别头疼，不敢轻易带他去公共场合，因为担心他说出让人无法接受的话语。

分析 ▶

孩子诅咒语言背后的原因主要有以下两个方面。

一　语言敏感期的表现

当孩子出现案例中"诅咒类"语言时，多数情况是因为他处于语言的诅咒敏感期，一般发生在孩子三岁左右。孩子一旦进入诅咒敏感期，就会把接触到的一些脏话，或者带有诅咒性的话语不分场合地使用，而且越被制止越喜欢用，丝毫没有感觉到不合适。其实每个人在孩童时代都会面对这个问题，这是一个孩子必经的成长阶段。因为在这个阶段里，孩子会惊奇地发现自己的一些语言会引起家长的"特别注意"。比如孩子说出一些难听的话时，家长一般都会有特别强烈的反应，而家长的反应在孩子看来是很有意思的、很好玩的事情，所以他很有成就感，他觉得自己的话让家长注意到了自己。其实孩子本身对这些话语并不了解，但是只要能吸引他人的注意力，获得关注，孩子们就会不断地重复这些话。此时家长大可不必过度担心，这一过程是孩子学习语言、使用语言的过程，并非是家长想象的侮辱或谩骂别人。

二　家长的应对方式不当

面对孩子的诅咒语言，多数家长最常用的方式是讲道理，如告诉孩子说这些话如何不礼貌，别人不喜欢，以后不能说类似的话。倘若劝说无效，家长可能会通过呵斥，甚至用体罚来阻止孩子。如果此时家长的呵斥与体罚只是象征性的，孩子会觉得家长的这种反应很有趣。于是这种互动方式便会成为一种孩子期待的游戏，下次再有相似的场景，他会加倍地用这种方式来吸引家长的关注，导致这种行为被强化。

如果家长的呵斥是认真、严厉的，孩子就会意识到家长的底线不可触碰，但是孩子并不清楚自己究竟错在哪里，就会很困惑。孩子在家中会暂时放弃说那些诅咒的话，但会在其他人面前，或者在其他场合继续试探，获得自己期待的反应。如果家中长辈也习惯讲类似的脏话，孩子的这种行为就更难以消除了。

建议

当孩子出现诅咒语言时，家长应该如何引导呢？

一 淡化处理诅咒语言

当孩子出现"诅咒"语言时，家长不要过度反应，要用平和的态度向孩子表明这样的话不好听，别人不喜欢。家长对于孩子这一自发的现象，应进行冷处理，不要过度指责孩子，也不用避讳孩子的话，学会淡然处之。正因为有人回应孩子的"诅咒"，所以孩子才会变本加厉。一旦无人回应，对此类语言不作任何反应，孩子看不到自己语言产生的作用，从中寻不到乐趣，自然也就不再说了。

二 创设文明的语言环境

家长要以身作则，给孩子创设一个文明的语言环境。孩子的脏话绝对不会是他自己创造出来的，一定有一个模仿的源头。孩子也许是从家长、电视节目，甚至是其他小朋友那里学到的这些脏话。因此，家长要为孩子创造良好的语言环境，尽量不让孩子接触脏话，以此减少孩子模仿的机会。

三 ▶ 沟通感受，引导共情

面对孩子的诅咒性话语，家长可以向孩子明确表示这样做不好玩、不有趣。直接告诉孩子自己的感受，让孩子懂得共情。家长还可以尝试用优美的语言回应孩子。如当孩子故意说"臭屁爸爸、臭屁妈妈"时，家长就可以回应孩子一句："香爸爸、香妈妈，就像宝宝一样香。"由于孩子具备模仿能力，此时模仿能力也许又会带孩子去重复新的、好的语句。

四 ▶ 转移孩子话题注意力

"屎尿屁"这些话在孩子眼里有时候不见得就是脏话，如果孩子是在拉完"粑粑"时跟你讨论自己"粑粑"的形状，家长可能觉得非常无聊，可是在孩子眼里可能就是可爱、好玩的代名词。比如孩子说："粑粑（的形状）像面包上的奶油。"家长如果听到这话就制止孩子继续说下去，孩子则会"咯咯"笑个不停，然后继续说下去，因为孩子觉得这样很有成就感。家长如果反问："哪里卖的奶油蛋糕最好吃？"孩子听后很快就会被家长吸引，顺着家长的话把思路转移到其他快乐的主题。

五 ▶ 语言规范要及时表扬

孩子处于诅咒敏感期的时候，也正处于一个乐于学习的阶段，对于一切新鲜好玩的词语、事物都会很感兴趣。这时候，家长不妨教孩子一些积极的词语，尤其是表达情绪的词语。如果孩子只是为了搞笑、好玩，家长可以告诉孩子怎样开玩笑才合适；

如果孩子是因为沮丧、烦躁才说脏话，家长可引导孩子选用合适的情绪词，如"我好郁闷呀，我生气了……"以更好地帮助孩子表达自己的情感。当孩子能够正确使用一些美好词汇或语句的时候，家长一定要及时给予表扬。因为家长的赞扬会让孩子产生成就感，使其更乐于使用美的语言，以获得更多的赞赏。由此，孩子会增加学习文明语言的兴趣，减少使用诅咒语言或者脏话。

思考与应用

当孩子常说诅咒话语的时候，比如"小强是个臭粑粑"，家长要用"变魔术"的形式教孩子怎样更好地表达，如何挑选优美的词汇，引导孩子学会使用恰当的语言。

第6课

如何正确面对"小话痨"

3—4岁的孩子总会喋喋不休，特别爱说话，而且是不停地说，就像一个"小话痨"。这其实是孩子进入了语言敏感期，是孩子语言能力发展水平较好的一种表现。针对孩子的这种行为，家长往往不予理睬甚至表现出反感，这对孩子的语言发展是极为不利的。家长应如何正确面对孩子"小话痨"的行为呢？

案例

朵朵3岁了。近来，妈妈发现她爱说爱唱，爱自言自语，每天有说不完的话。

下午放学时，妈妈遇见了好久未见的朋友，于是就聊了起来。刚说了两句，朵朵便插话说："阿姨，你家在哪里呀？"过了一会儿，朵朵再次插话，问道："阿姨，你的孩子在哪里呀？她怎么没跟你一起来呀？"就这样，朵朵不停地打乱阿姨和妈妈的谈话。

晚上准备睡觉，朵朵问："妈妈，为什么天黑了就要睡觉呀？"妈妈说："因为白天工作很辛苦，需要休息。"朵朵接着说："那为什么是晚上休息而不是白天休息呢？"妈妈说："因为白天妈妈上班，你上幼儿园呀！"朵朵又说："妈妈为什么这么辛苦还要白天上班呢？"夜深了，妈妈已经很困了，可朵朵还是精神饱满，喋喋不休，似乎永远有说不完的话、问不完的问题。

分析 ▶

案例中的朵朵对周围的事物充满了好奇，每天都有问不完的问题、说不完的话，就像一个"小话痨"。其实这是孩子进入了语言敏感期的表现。在这个阶段，由于孩子接触和掌握的词汇量大大增加，对语言表达有着浓厚的兴趣，于是就会不停地提问、说话。如果家长在这个时期给予重点的关注，孩子的语言潜能将得到更好的发展，但有很多家长往往忽视孩子自身发展的规律，视这种表现为"话痨"，不予理睬甚至表现出反感。实际上孩子话多不仅不是"病"，还可能是高智商的表现。

一　孩子能说是年龄特征的表现 ▶

3岁左右的孩子语言能力飞速发展，能说完整的简单句，并出现复合句，而且词汇量明显增加。因为孩子语言发展的特殊阶段，在对周围世界感兴趣的前提下，再加上家长更多地鼓励与支持，就会激发孩子强大的自主学习的内驱力。3—4岁的孩子，由于接触和掌握的词汇大大增加，对语言表达有着浓厚的兴趣，于是就会不停地提问、说话。孩子话多、话痨的原动力是"好奇心"，只有了解了好奇心，家长才能将孩子的"话痨"引导为正确的天赋。家长要学会正确的引导，不限制孩子的天性，才能保持孩子的继续好奇、提问和想象。

二　家长面对"话痨"孩子的不同处理方式 ▶

当处于语言敏感期的孩子"打破砂锅问到底"的时候，很多家长会进行打压。家长因为工作忙、顾不上、脾气急、没耐心以及知识储备的局限，会对孩子的好奇、疑问等"自我中心言语"表现出不耐烦，不愿听。有些家长认为孩子话多、急于插嘴是大方聪明的表现，有时觉得孩子不太礼貌，也只是象征性地批评一下。其实，孩子在需要家长关注的时候，便会通过一切方法引起家长的注意，更直接的方法便是像案例中的朵朵那样，用插话的方式暗示成人"我在这里，我很重要"，这不是自私或不懂事，只是孩子希望获得关注；有的家长还会对孩子的多言多语置之不理、没有回应，不鼓励也不反对，在孩子反复打断成人之间的对话时，无聊往往是最主要的原因。成人谈得津津有味，可关于谈话的内容，孩子基本不能理解或者不感兴趣。此时，孩子就会通过自言自语或者打断成人谈话的方式，来处理个人独处的时间。这种现象不仅会给孩子心理造成负面的影响，产生不正确的自我定位，还会错过帮助孩子开发语言和学习天赋的机会。

建议

家长究竟应该怎么正确面对"小话痨"呢？

一 ▶ 不要给孩子"贴标签"

有的家长在看到孩子在生人面前插话时，总会说："我家孩子就是这样，有些不懂礼貌……"家长如此评价孩子的时候，就是给孩子的一种消极暗示，让他以后可能会更加"口无遮拦"或者"沉默不语"。因为家长无意中看似没有恶意的判断，某种程度上已经给孩子贴上了带有家长主观偏见的"标签"。孩子的主动学习行为会逐渐消退，对新奇事物会表现出冷漠、回避等心理倾向，从而形成被动式学习习惯，变成不爱说话的"乖孩子"。

二 ▶ 正确引导孩子积极说

一般说来，话多的孩子自身缺点比较容易发现，这对于孩子的个性发展及能力培养都有许多便利。其实，这样的孩子更需要家长及时关注和纠正，把话多变成自身优势。如通过鼓励孩子自己讲故事、编故事来训练孩子的思维逻辑性和语言组织能力，避免讲"废话"，争取说有质量的话；和孩子一起进行看图说话、诗歌朗诵、学说绕口令、故事表演等趣味游戏，充分给予孩子想说、能说、会说的机会。发展孩子语言、思维能力的同时，促进亲子沟通，增进亲子情感，为孩子长大后愿意向家长敞开心扉做好铺垫。

三▶ 鼓励帮助孩子主动说

3岁孩子想说、爱说，表达欲望和能力不断增强。因此，家长要把爱说话看作孩子的优势。可以在家里鼓励孩子用讲故事的方式分享幼儿园的事情，鼓励孩子参加班级及家庭中小主持人、故事会、朗诵等展示活动，锻炼思维能力和语言能力，让孩子在活动中获得更多听众，找到自信和自尊，帮助孩子在众人面前敢于大胆讲话。

四▶ 协商认可孩子适当说

3岁孩子年龄小，自控能力较差，家长应告诉孩子什么场合、什么情景下要适当少说话，或保持安静不说话。有计划地带孩子去一些需要安静的公共场合（电影院、图书馆等），借助场景训练孩子保持安静的自控能力。顺其自然，因势利导，对孩子的日常表现，细心观察，宽容接纳，积极回应，以孩子为主，积极协助，并加以引导。同时，对于孩子的话多现象，家长千万不要因为自己的忙碌、不耐烦和不顺心，对孩子敷衍了事，甚至斥责孩子的天马行空，让孩子失去敏感和好奇心，从而变得平庸而无个性。

思考与应用

家长与孩子一起玩"接龙""看图说话""学说绕口令"等语言游戏，并针对孩子喜欢的故事内容进行亲子故事表演。

第7课 孩子的专注力重在保护

专注是认真投入到一件事物中的持续程度。研究表明，专注的程度决定了思考的深度，决定了做事的效率，也决定了一个人将来所能取得的成就。孩子的专注力受什么影响？又该如何保护孩子的专注力呢？

案例

晚饭时，赫赫和奶奶边看电视边吃饭，看到精彩处，赫赫总会直盯电视一动不动，忘记了吃饭。奶奶便会催着："好好吃饭，别光盯着电视！"

还没吃完饭，赫赫就要和爷爷去玩具房玩，奶奶很不高兴，爷爷却很开心。玩具房里的东西真多呀！玩具堆满了整个屋子。赫赫一会儿玩汽车，一会儿拍皮球，玩得不亦乐乎！奶奶端着樱桃送了进来，说："乖孙子，快来吃樱桃，吃完再玩！"赫赫对奶奶不理不睬，奶奶赶快拿起一个樱桃往赫赫嘴里塞，赫赫紧闭着嘴巴直摇头，不耐烦地说："不吃，不吃。"奶奶无奈，只好关门离开。过了一会儿，奶奶又进门问："赫赫口渴吗？喝点水吧！"爷爷看着没好气地说："和孩子玩一会儿，你又送吃又送喝的，还有完没完了？"奶奶只好又退了出来。

不一会儿手机响了，奶奶在门口喊："赫赫，妈妈的视频，快来接电话。"赫赫马上扔下玩具快速冲了出去。

分析 ▶

影响孩子专注力的因素有哪些呢?

一 教养方式影响孩子的专注力 ▶

不同的教养方式影响孩子专注力的发展。案例中,家长和孩子边看电视边吃饭的不良生活习惯,既影响孩子的身体发育,也影响孩子专注力的形成。3—4岁孩子的注意力属于单一型,只能集中在一件事情上,专心看电视就会影响孩子吃饭,而成人的注意力则是可以分散运用的,同一时间可以做多项事情,如边听音乐边干家务等。另外,案例中的爷爷奶奶由于教育要求不一致,让孩子无所适从,不知该听谁的,这也是导致孩子专注力不集中的因素。因此,只有家庭成员之间对孩子的教育要求达成一致,才能有效保护孩子的专注力。

二 过量刺激影响孩子的专注力 ▶

3—4岁孩子的注意时间较短、稳定性较低,其有意注意时间一般不超过5分钟,容易被周围事物所吸引。如果孩子的面前只有积木,孩子就会专注于积木搭建。但如果除了积木以外,还有电动玩具车、机器人、音乐盒……孩子在搭积木的过程中,如果听到了其他玩具发出的声音,或者搭积木时遇到了困难,很可能会随时放弃积木去玩别的玩具。就像案例中的赫赫,他面对的玩具种类过多,就导致他的专注力不能集中在某一个玩具上,一会玩这个,一会玩那个。久而久之,会使孩子的专注力不稳定。

三 过度打扰影响孩子的专注力 ▶

现代家庭中,孩子是整个家庭的焦点。家长往往打着关心的旗号在孩子专注某件事时进行干扰影响。我国约75%的孩子存在不同程度的注意力不集中问题。案例中,赫赫专注玩玩具时,奶奶一会儿送樱桃,一会儿送水，一会儿接电话，中断、干扰了孩子的情绪和游戏思维，影响了孩子注意力的集中。因此，在孩子专心做事时，家长应尽量不要过度地打扰。

建议

专注的程度决定了思考的深度，决定了学习、工作的效率，也影响一个人将来所能取得的成就。家长应该如何保护孩子的专注力呢？

一 ▶ 保证充足睡眠

3—4岁孩子每天要保证11—12个小时的睡眠时间，其午睡时间应保证2小时左右。家长可根据孩子的实际情况，与孩子一起制订合理的作息时间表。建议孩子每天晚上八点半就上床睡觉，睡前不要做剧烈运动，睡前半小时时间可作为家长与孩子的亲子阅读时间。早睡早起，作息规律，才能保证孩子精力充沛地进行各项活动。

二 ▶ 加强体育锻炼

适当的体育运动能更好地提升孩子的专注力。家长可以每天和孩子进行运动游戏，加强孩子的感觉统合，锻炼孩子的走、跑、跳、翻滚、抓握和平衡等技能。通过这些练习，既可以促进孩子身体的发展，还能够有效提升孩子的专注力。

三 ▶ 适当限制玩具数量

随着经济的发展，家庭生活条件越来越好，孩子身边的玩具也越来越多。家长普遍认为，给孩子丰富的玩具就是爱孩子的表现。研究发现：孩子身边玩具越多，反而使孩子的专注力水平逐渐下降。家长要合理地提供玩具的种类和数量，每次拿出一至两个新玩具，并根据孩子的兴趣，定期更换玩具。对一些最近很少玩的玩具，家长可以和孩子一起进行整理，不仅保护孩子的专注力，还可培养孩子整理玩具和物归原处的良好习惯。

四 ▶ 给予孩子正向引导

给孩子的指令和要求要适当、具体，语言要简单明了，让孩子容易理解记住。孩子完成任务之后，家长要及时给予评价，给予孩子积极正向的引导。如发现孩子专心画画后，成人要及时给予鼓励："哇！你真了不起，昨天画了3个小苹果，今天能安静地画5个小苹果！你是一个认真、肯上进的好孩子。"具体、明确、肯定的评价会让孩子大受鼓舞，增强自信心的同时，也能提高其专注力。

五 ▶ 巧用趣味游戏

苏联心理学家做过一个实验：让3岁左右的孩子在游戏和单纯完成任务两种不同的活动方式下，将各种颜色的纸分装在与之同色的盒子里，观察孩子专注力投入的时间。实验结果发现，在游戏中孩子的专注力可以持续22分钟，而在单纯完成任务的形式下，孩子只能坚持12分钟左右。所以，在游戏和玩耍中，孩子的专注力更强。因此，家长可以利用趣味游戏训练孩子的专注力。比如"大西瓜、小西瓜"的反口令游戏，当家长说大西瓜时，孩子做小西瓜的动作，反之说小西瓜的时候，孩子做大西瓜的动作，看谁的反应快。

思考与应用

1. 比比谁最快

家长说出五官的名称，如家长说"鼻子"，孩子快速指鼻子，家长说"眉毛"，孩子快速指眉毛，然后交换角色，变化速度。

2. 故事接龙

家长和孩子进行亲子阅读后，选取孩子感兴趣的简短故事进行接龙讲述。如家长可以说故事的前半部分，鼓励孩子讲后半部分或续编故事。

第8课 激发孩子好奇的天性

好奇是孩子主动探索学习的动力。尤其3—4岁的孩子，对周围世界充满了强烈的好奇心，喜欢提出各种各样的问题，乐于通过探究来发现未知事物的奥秘。这个时期，家长应该如何保护并激发孩子的好奇心呢？

案例

公园里，管理人员正在给花浇水，一群三四岁的孩子围在一棵大树底下，玩得不亦乐乎。

突然一个孩子发出惊讶的叫声："啊！"孩子们马上都围拢过来，家长也过来了。其中一个孩子说："蚯蚓被我们挖断了，这可怎么办？"一个叫琪琪的小女孩刚要用手动一下，她的妈妈马上大喊道："琪琪别动，危险，太脏了，咱回家！"说完拉起孩子就走了。而其他妈妈们看见孩子们满手的泥巴都没说话，站在一旁看着孩子们。其中一个叫涛涛的孩子说："我看书上说蚯蚓断了，能变成两条呢？""真的吗？"其他孩子半信半疑地问。涛涛转身对妈妈说："妈妈，是这样的吧？"涛涛妈妈答道："试试看嘛！"涛涛说："对，我找个东西把蚯蚓养起来，看看是不是真能变成两条了？"

于是，涛涛又是找瓶子，又是挖土，把挖断的蚯蚓带回家。一连几天，涛涛忙得不可开交，既要和妈妈一起查阅有关蚯蚓的书籍，上网搜集养蚯蚓的方法，观察蚯蚓的生长，还要接待随时来探望的小伙伴……

经过一段时间的喂养，涛涛了解到了蚯蚓再生的现象，并和同伴分享了自己的发现，成了同伴中的"小能人""小榜样"。

分析 ▶

一　好奇是孩子的天性 ▶

案例中的孩子正处在3—4岁年龄段，这个时期的孩子对周围生活中事物和现象充满了强烈的好奇心，并尝试通过动手操作的方式探究其中的秘密。所以当他们发现被挖断的蚯蚓时便围拢过来一探究竟，并有用手动一下的渴望。好奇的涛涛还提出了自己想知道的问题，"我看书上说蚯蚓断了，能变成两条呢"，并把问题抛给了妈妈，希望妈妈帮着找出答案。

二　家长不同的教育方式对孩子好奇心的不同影响 ▶

有研究表明，孩子过了4岁，好奇心就会衰减。如果家长没有给孩子足够好的引导，孩子就会不再好奇，慢慢对周围事物不感兴趣。琪琪妈妈认为蚯蚓是脏的、危险的，不允许孩子碰。琪琪感受到的是家长的焦虑和担心，长此以往，会把外界各种不熟悉的东西都视为危险的、有敌意的、不能碰触的，打击了孩子的好奇心，压抑了孩子探索世界、学习新鲜事物的动力，慢慢地，她便对周围事物不再感兴趣了。而其他妈妈在看到孩子对蚯蚓感兴趣时，没有制止，只是静心观察。这一个无意的举动，其实就是在保护孩子的好奇心，这是孩子认识事物、了解事物的一个必经过程。涛涛妈妈的一句"试试看嘛"，不仅满足了孩子的好奇心，也调动了孩子的求知欲。把蚯蚓带回家后，妈妈和孩子一起查找资料、饲养、观察，不仅找到了问题的答案，还加深了彼此的感情。通过与小伙伴的分享，也锻炼了孩子的交往能力，让孩子做事更加自信、积极主动。

建议

好奇心是每一个孩子都有的，它使孩子能够发现和去探究大千世界。家长应该抓住教育的关键期，激发和保护孩子的好奇心。

一▶ 把握孩子好问的年龄特点

三四岁孩子好奇的典型特点就是好问，其发展是有阶段性的。第一阶段：这是什么。这是本能性的好奇，也是孩子好奇心发展的开始。第二阶段：为什么。随着孩子年龄的增长，尤其是三四岁的孩子，心中的困惑、思考也越来越多，这些好奇心都能引发孩子的思考。而这些思考又能让孩子保持旺盛的求知欲，积极去探索周围的世界。此时，家长一定要有耐心，采取一些方法帮助孩子找到他们需要的答案，促使孩子继续思考，而不是厌烦，打压孩子，因为家长对孩子问题解释的态度将决定孩子对知识的渴求程度。第三阶段：不再问为什么。随着孩子年龄的增长以及学习压力的增大，孩子的好奇心不再敏锐，也就没有"为什么"了。因此，家长要把握孩子好问的年龄特点，鼓励孩子提问，启发孩子提问，并能对孩子的提问给予及时、适时地回应。

二▶ 带孩子体验大自然

孩子的学习是通过直接感知、实际操作和亲身体验获取经验的。世界那么大，带着孩子一起去看看：春天挖野菜、找蝌蚪；夏天趟小河、玩泥巴；秋天捉蚂蚱、去远足；冬天打雪仗、堆雪人。要让孩子多接触广阔的大自然，让孩子自由感受、体验自然中的各种事物，就像陆游诗句中说的"纸上得来终觉浅，绝知此事要躬行"。同时，家长要放开手脚，不要嫌脏嫌乱，让孩子去体验、去发现，激发好奇心，从而更加积极地学习和生活。家长不应该用自己狭隘的思维限制孩子无限的可能。

三▶ 鼓励孩子积极探索

家长要利用孩子的好奇心，和孩子一起体验探索的乐趣。根据孩子的兴趣，适时、适度地提供材料和实践的机会，鼓励孩子动手体验，可培养孩子的兴趣，调动其积极性，也能增进其对外界事物的感性认识，激发孩子的积极思维和想象力。对于家庭中孩子的破坏性行为，家长要区别对待，对孩子因好奇而导致的破坏性行为，不可责骂指责，在不影响孩子身体安全的情况下，可给予积极地支持与帮助。例如新买的玩具被孩子拆坏，就和孩子一起探索怎么恢复正常，通过尝试、操作，孩子的好奇心不仅得到满足，而且可以更好地激发孩子的深层好奇心，发展孩子探索能力。

四▶ 有效利用绘本书籍

在阅读中培养孩子的好奇心。给孩子选购读物时，家长不仅要注重趣味性，还要注重触摸、操作等特点，提供洞洞书、立体书等。当孩子想探究某个问题而不得其解时，家长不要急于给出答案，可以引导、鼓励、辅助孩子去书中寻找。在书中寻找答案本身就是解决问题、探究未知的一种有效途径，孩子会感受到不一样的乐趣，同时这样还能潜移默化地培养孩子热爱阅读的良好习惯，增进亲子情感，可谓一举多得。

五 ▶ 引导孩子善于观察

孩子的好奇心指向的不是事物的表面现象，而是事物现象背后的规律和原理。因此，家长引导孩子在日常观察时，首先要明确观察的目的，然后教给孩子观察的方法，培养孩子的观察力。例如让孩子观察影子的长短变化、水的三态变化、观察春天的花开花落等，引导帮助孩子以图文并茂的形式记录观察内容，探索事物的本质，从而提高孩子的观察力。

六 ▶ 给予孩子积极回应

面对孩子无数的"为什么"，家长要给予孩子积极地回应和尽可能多的交流互动。对于自己不确定的知识，家长可对孩子说："这个妈妈也不太确定，我们一起查一查，好吗？"因为父母的语言刺激是激发孩子好奇最好的礼物。家长要引导孩子学会通过多种方式寻找答案，让孩子从小养成从探究中学习、思考、解决问题的好习惯，这样才能体会到生命的幸福和真谛。

思考与应用

家长和孩子一起种植蒜苗并观察其生长变化（或观察小蝌蚪的生长）。家长可以和孩子一起讨论怎么种，种在哪里？并制作一个记录本，将观察到的结果用图文并茂的形式记录下来。

第9课　独立的孩子更自信

　　3—4岁是孩子自信心发展最迅速的时期。这一时期的孩子自我意识萌芽，在行动能力和思维意识上都具有了自主的意愿，吃饭、穿衣、玩等许多事都想尝试自己做。每当孩子独立完成一件事时，就会体验到完成的成功感，增加一份自信。自信心的增强，会让孩子们愿意主动和别人交往，敢于在人前表达，遇到困难不后退，能想办法解决，因此越独立的孩子越自信，越有自信的孩子各方面能力也就越强。反之，如果家长过分包办替代，会阻碍孩子的健康发展，造成孩子依赖、退缩、自卑等情况的发生。

案例

　　飞飞3岁了，爸爸妈妈在外地上班，由于工作繁忙，很少有机会回家。飞飞从小就由爷爷奶奶照看。老人对孩子格外爱护，生活上更是照顾得无微不至，什么事情都不用飞飞做。

　　早上，飞飞睡醒了，刚爬起来，奶奶就端着水走过来了，"飞飞先喝点水，喝完水奶奶给穿衣服，我们吃饭。"

　　飞飞配合着奶奶穿好衣服、洗脸洗手，又被奶奶喂饱后，飞飞就往门口走去，爷爷看到了说："飞飞，是想到公园玩了吧？走，爷爷领你去。"边说边去拿帽子给飞飞戴上。

　　来到公园里，飞飞看到在高低不平的小木桩上走来走去的笑笑玩得很开心，就拉着爷爷说："爷爷，上那儿玩。"可爷爷说："咱不去玩，把你碰倒了怎么办？磕着咋办？爷爷领你去开小车去。"

　　爷爷领飞飞走到广场开小车的地方，坐在旁边的座椅上说："飞飞，过去和小朋友玩开小车吧。"

　　"不，爷爷跟我去。"

　　"飞飞自己去，这么近，爷爷坐这看着你。"

　　"就不！"飞飞说着，紧紧拽着爷爷的手……

分析 ▶

　　案例为我们呈现了"隔辈亲"的现象，爷爷奶奶对飞飞过度的溺爱和包办代替，使飞飞的教育出现了问题。究其原因，主要有以下几方面：

一　家长缺乏正确的儿童观和教育观 ▶

　　案例中的家长给孩子端水、帮孩子穿衣、喂饭，另一位家长阻止孩子去小木桩上玩，主要原因在于老人对孩子能力的不正确认识，总觉得孩子小、能力弱，不会做事和保护自己。由此，事事都包办代替，还干预孩子想做的事，以成人的思想过分保护和限制孩子的行为。这种祖辈家长的育儿观念，不但剥夺了孩子独立做事的锻炼机会，也阻断了孩子身体动作协调能力和自理能力的发展。

二　家长缺乏正确的沟通方法和技巧 ▶

　　对于孩子想去公园玩的想法，不需要孩子开口，家长就心领神会，代替孩子说出想法。殊不知这种行为，一方面使孩子失去了语言表达锻炼的机会，阻碍了孩子的语言发展，造成孩子自我表达能力弱，三岁了还不能用较完整的话表达，只能说"爷爷，上那儿玩。""就不！"等较短语句。另一方面，在一定程度上也封闭了孩子独立与人交往的机会，以及在交往过程中所能获取的自信和沟通交往等能力的培养。

三 孩子缺失父母的关爱和陪伴 ▶

幼儿期是孩子安全感建立的关键期。从案例中可以看出，由于家长在外地，很少回家和孩子见面，使孩子从小感受不到父母充足的关爱和陪伴，无法建立足够的安全感。案例中，孩子不愿自己去找小朋友玩，即便祖辈家长说就在旁边看着，孩子也拒绝自己去，除了过于依赖，也说明孩子缺乏安全感，致使自己不能独立去玩。

四 孩子未能获得心理成长 ▶

孩子是在反复尝试中，完善心理感觉过程，从而获得成功和自信。孩子由于很少有机会自己独立面对问题、解决问题，所有事情的成功都来源于祖辈家长，不但造成孩子动手能力和探索解决问题能力差，更重要的是体验不到成功做事后的成就感。长此下去，会使孩子做任何事都没有自信，依赖性也越来越强。

因此，家长应放手，尊重孩子，培养孩子的独立意识和能力，来增强其自信心。

建议

如何培养孩子的独立思想和行为，使其更具自信心呢？家长可以尝试通过"拉一拉""激一激""放一放""说一说""选一选""试一试"等方法，来帮助孩子自处、自理、自立和自强。

一 ▶ 拉一拉

家庭成员齐拉手，建立良好的教养模式和养育关系。研究发现，在父母长期缺位的情况下，祖辈主导养育孩子对其发展起消极作用。因此，家长首先尽可能改变这种父母缺位、长期由祖辈教养的模式。其次，注重建立良好的共同养育关系，担负孩子教养的家庭成员共同创设良好和谐的家庭关系和氛围，统一教育思想和育儿观念，积极促进孩子的健康发展。

二 ▶ 激一激

激发孩子的自信心，相信孩子，多说"你能行""你可以""你能做到"，激发孩子的信心。孩子越小越容易受到家长语言的暗示。当家长多次对孩子说"自己做，你能行"时，孩子就会认为自己行。因此，家长不断运用鼓励的语言，能增强孩子的自我认识，充分激起孩子独立做事的信心。

三 ▶ 放一放

大胆放手，交给孩子一些力所能及的小任务去做。孩子身心发育尚未成熟，需要家人的精心呵护和照顾，但不宜过度保护和包办代替，以免剥夺孩子自主学习的机会，养成过于依赖的不良习惯，影响其主动性、独立性的发展。因此，在日常生活中，家长可以让孩子独立完成一些力所能及的事。如"宝宝自己穿鞋子""帮奶奶把碗拿到厨房里""把你的娃娃都送回玩具柜"等。完成后，要及时给予表扬，如"宝宝能自己穿对鞋子了""能帮奶奶做事啦，真能干"，让孩子感受到自己的能力被认可，自己被大人需要，从而大大增强其自信心。

四 ▶ 说一说

多交流，为孩子创造讲话的机会。许多研究表明，3岁左右是孩子初学说话的关键期。如果有良好的语言环境，这一时期将成为言语发展最迅速的时期。因此，家长日常要多为孩子创造说话的机会，训练孩子用语言表达出自己的想法和需求，增强孩子的自我表达能力。如案例中的家长可以通过询问的方式，让孩子说出自己的想法，从而扩展交流内容，锻炼语言表达能力。"你在看什么？想做什么事？去公园最想玩什么……"在引导的过程中，家长要尊重和接纳孩子的说话方式，无论表达水平如何，都应认真倾听并给予积极的回应。这样才能使孩子想说、敢说、愿意说，消除孩子独立表现的恐惧，在一次次独立表现的过程中，不断提升自信。

五 ▶ 选一选

给孩子自己选择的机会，只有学会选择的孩子才会走向独立。在一些事情上家长不要过多干涉，让孩子学会自主选择，逐步走向独立。如"今天出去玩，你想去动物园还是去游乐园""这两件衣服都很漂亮，你想买哪一件""这两本书，你选哪一本带回家"，一来可以帮助家长学习倾听孩子的想法，二来还可以让孩子因拥有决定权而小有成就感，培养了孩子独立思考的能力。

六 ▶ 试一试

鼓励引导孩子通过自己的尝试，培养独立解决问题的能力。孩子在做事过程中遇到困难，家长要及时给予鼓励，或者根据困难的大小难易程度及时给予孩子一些建议，让孩子自己尝试克服困难。如"你试试，这些办法可以吗"，在尝试克服困难的过程中不断获取新经验，提高独立解决问题的能力。

思考与应用

家长尽量每天抽出一定时间和孩子进行一次绘本亲子共读，借助情境让孩子说出自己的想法，锻炼孩子表达能力，培养孩子的自信心。鼓励孩子敢于面对问题，相信自己，找到克服困难的力量，让家长也感受到只有学会如何正确地爱，才能找到开启心灵之门的钥匙。

第10课 正确看待孩子的"恋物情结"

"恋物情结"是孩子寻求安全感的一种表现。有的家长认为它微不足道，会自愈，因此置之不理；有的家长认为必须强制干预。殊不知，孩子的恋物情结有其一定的心理成因。那么家长应怎样正确看待孩子的恋物情结呢？

案例

涛涛今年3岁，父母都是医生，他们平时工作很忙，经常加班到深夜，涛涛常被寄宿到同事家或者亲戚朋友家。每当涛涛接触到陌生的环境，小毛毯就替代了父母的陪伴，让涛涛有了一丝丝的慰藉。后来，涛涛睡觉时，一定要盖这条蓝色毛毯才能入睡，毛毯破旧了他也不让扔掉。妈妈觉得这么大的孩子了，还整天抱着小毛毯，又是一个男孩子，是不是太没出息了，就买了一块小毛巾，想把毛毯扔掉。没想到涛涛又哭又闹，坚决不睡觉。涛涛上幼儿园了，依然离不开小毛毯。面对这种情况，妈妈很着急，不知道该怎么办？

分析 ▶

孩子的恋物情结主要表现为对某一物品有着强烈的情感依恋，可能是孩子喜欢的毛绒玩具，也可能是孩子用的毛巾、枕头、毛毯等生活用品，还可能是孩子喜欢的其他任何东西。案例中涛涛的依恋物是小毛毯，有了它，涛涛就很安静，感到很安全。

表现出恋物情结的也只是一部分孩子，恋物的持续时间也存在着个体差异。那么，孩子为什么会有这种恋物情结呢？究其原因，主要有以下几方面。

一 缺乏安全感，让孩子"恋上小毛毯"

孩子形成恋物情结是由于缺乏安全感，寻求心理满足。三四岁的孩子往往是与家长同睡，习惯了有人陪伴入睡，这是孩子最初获得安全感的重要途径。一旦因为某种原因改变了入睡的环境，孩子就会产生恐惧心理。如涛涛因为家长工作忙，要被寄宿到爸妈同事或者亲戚家，这对孩子来讲是陌生的环境。于是，为了满足自己的心理需求，找到一种心理的寄托和补偿，孩子就会用固定的玩具或枕头、盖固定的被子等依赖物，来缓解他的这种焦虑情绪。熟悉的物品，或是柔软的触感能满足他们的这种心理需求，并逐渐形成了习惯。涛涛对小毛毯的依恋，就是家长不能陪伴的心理弥补。他把小毛毯当作陪伴他的朋友，甚至在他内心就认为，小毛毯在陌生环境中可以对他不离不弃，是不可取代的。身体接触是建立依恋关系不可缺少的因素，"皮肤饥渴"也是人们在身体接触上的需求，尤其是年龄小的孩子，这种需求就会更强烈，它会让孩子得到一种心理上的放松，获得一种舒适感。所以很多孩子都会出现对经常使用的东西产生依恋。

二 秩序敏感期，让孩子"丢不掉小毛毯"

三四岁的孩子处于秩序敏感期，出现恋物现象比较多见。这个时期，孩子的习惯模式让他不容易接受太大的改变。他习惯了在家里的生活模式，对生活习惯产生了依赖性，不能适应突然的习惯改变。如果在家里就形成了恋物行为习惯和一定的生活模式，到新的环境也很难改变。所以家长看待和判断孩子的恋物行为时，要考虑到他们的这种生理特性，也要考虑到秩序敏感期。如妈妈想给涛涛扔掉小毛毯的做法，破坏了涛涛的内在秩序，涛涛便会哭闹，表示反抗。

建议

当孩子出现恋物行为时，家长应该怎么做呢？

一 ▶ 正视孩子的恋物情结，悦纳孩子的恋物行为

孩子的恋物行为是一种较常见的行为，家长不用过分在意，更不要粗暴地训斥、恐吓孩子，也不要强行夺走孩子的东西或要求他改变这个习惯。否则，会加剧孩子的紧张和焦虑，给心理带来伤害。家长应多和老师沟通，允许孩子延续以前的习惯，把自己的东西带到幼儿园。可以等孩子适应幼儿园生活后，再逐渐帮他改掉恋物行为。

二 ▶ 多用拥抱和爱抚给孩子安全感

孩子有恋物情结，缘自家长给孩子的关爱不足，是缺乏安全感的信号。家长的爱和关心能够分散孩子对依恋物的关注。家长要创设充满爱与温馨的家庭氛围，增强孩子的安全感，减少孩子对物品的依赖。有很多的孩子，在感觉孤独和焦虑的时候，就会抓着玩具不放手，所以一定要让孩子感觉到关心和陪伴。亲子依恋是一种对于孩子来说十分重要的心理需求。案例中的涛涛就是因为多次寄宿他人家庭，缺少家长的陪伴，才会用小毛毯代替了家长。

家长要用足够的时间和耐心来陪伴孩子，让孩子感受到家长对自己的爱。如可以每天在睡前给孩子讲故事、听音乐，增加亲

子游戏的互动频率，这样也会减少孩子对依恋物的依赖。要多拥抱孩子，拍拍孩子的背和头，减少孩子的"皮肤饥饿"。家长应注意拥抱和爱抚不是奖励，应是家长无条件的、每天都要给予孩子的，即使孩子犯了错，也要先用拥抱给孩子安慰。如果在入睡时发现孩子出现恋物行为的现象，通过父母的及时互动，转移他的注意力，让孩子能尽早脱离他的依恋物入睡。

三 ▶ 循序渐进地减弱孩子的恋物情结

孩子的恋物情结不是一朝一夕形成的，也不可能很快就消除。根据幼儿时期的心理发展特点，应该顺从他的这种心理，从尊重入手，使孩子感受到被理解，在孩子能接受的情况下，循序渐进地予以引导。

家长要多观察孩子积极的行为表现，在适宜的时机，分散孩子对小毛毯的专宠。比如，孩子的小毛毯脏了，需要清洗时，家长可以对孩子说："小毛毯需要洗个澡，这样它才能更好地陪伴你。"给孩子明确需要暂时和毛毯分离，家长与孩子达成"和干干净净的小毛毯玩"的协议。用以上等方法，自然地拉长孩子与依恋物隔离的时间，慢慢改善孩子的恋物情结。

家长也可以引导孩子做力所能及或者感兴趣的事情，及时鼓励孩子的积极行为，使他淡化对小毛毯的专情，并借孩子过生日等契机，再送给他一个新玩具，尝试分散转移他的注意力，淡忘依恋物品，或者借更换被褥的时候，和孩子一起选一个他喜欢的被子，慢慢分散孩子对依恋物的专宠等。

思考与应用

　　设定"亲子时间"或"每天拥抱一分钟"，利用亲子游戏、拥抱等和孩子进行互动，通过肢体接触让孩子感受到家长的关爱。

第11课 鼓励孩子创意涂鸦

3岁孩子对周围世界充满了好奇，他们喜欢用自己的方式来探索感知世界，感知的过程也蕴含着创造的萌芽，其中涂鸦就是孩子进行创造探索的方式之一。

案例

小乐特别喜欢涂鸦，家里的墙上、门上，甚至床头柜、床单、被罩、枕巾，只要伸手够得到的地方都被他用各种彩色笔画过，边画嘴里还边嘟囔着什么。

妈妈觉得孩子爱画画是好事，但是干净整洁的家，被孩子画成这样，还是有些心疼。一开始妈妈给他讲道理，但是一不留神，又在墙上画起来。后来妈妈制止，结果导致小乐乱发脾气，哭闹不止。

妈妈想，既然爱画画，就给他准备画纸、画板，但是效果并不明显，让小乐坐在那里，在画纸或者画板上作画，他反而没兴趣了。妈妈给小乐报了绘画班，可是他上了几节课后，就不愿意再去了。

分析 ▶

也许很多家长都会有这样的经历吧，看到孩子喜欢画画，赶紧给孩子买了画板、画纸，辛辛苦苦跑前跑后为孩子甄选绘画班，可是孩子却偏偏喜欢把家里的墙面、柜子当作"创作对象"。案例中的家长面对自己孩子的乱涂乱画采取了一个比较暴力的手段进行制止，这估计是大多数家长的共同选择吧。其实大可不必这样。妈妈的强烈制止让孩子大哭大闹乱发脾气，因为孩子失去了自由涂鸦的快乐。很多了解到孩子敏感期的家长们就开始以"第一反抗期"来给孩子带上一个"倔强"的帽子，然后开始坚持自己的"原则"，利用自己的权威来"逼"孩子听从家长的想法变成一个"乖乖宝宝"，甚至给孩子报一个绘画班也无济于事。然而这些都不是最佳的做法。乱涂乱画是三四岁孩子成长必然经历的一个过程，孩子的涂鸦并不是"画画"，我们看到孩子愿意拿笔就认为孩子爱画画，其实是不全面的。这时候千万不要太认真地教他们画画。孩子们之所以爱涂鸦，也是有原因的。

一　孩子有好奇探究的欲望

一般情况下，在家长的认知中，孩子绘画就是为他提供图画纸，用彩笔作画，这种材料比较单一。但是随着孩子年龄的增长，随着他们的感知觉与动作有了一定的发展与协调之后，对环境不断做出新探索。在孩子的眼中，墙壁画上去是什么感觉？光滑的柜子表面画上去什么感觉？餐桌上的桌布、床上的枕巾画上去有什么感觉？手里捏着彩笔或者蜡笔，画起来的感觉还是不一样。因为有这么多的不一样，吸引孩子不断去探索、去感知、去发现。孩子们在用画笔去自由探索的过程中，得到不同的体验，从而带着更大的好奇心去探索周围世界，而好奇心恰恰是创造力发展的起点。

二　孩子有自由快乐的体验

相对桌面上铺的画纸，墙壁等材料可以发挥的空间更大。3岁孩子的手部精细动作发展不完善，在一些较大的空间或者材料上的涂鸦活动，孩子的天性更容易得到释放。比如，一个孩子出去玩了滑滑梯，回家后，他就会在墙上画一些上下来回的线条，兴奋地说是在滑滑梯。或者嘴里嚷着"滴滴滴滴"，手在墙上画过一条长长的印迹，他说是在开汽车。这些看似乱七八糟的线条，对孩子来说却是快乐游戏的记录。另外，由于涂鸦的无边界性，孩子可以进行各种天马行空的想象，家长经常会听到一个3岁孩子边画边叽叽咕咕地说着很多大人听不懂的故事，唱着大人听不懂的歌，完全沉浸在自己的世界中，即使大人不怀好意地去"破坏"这种氛围，孩子也是不屑一顾地继续自己的创作。回头想一想，世界上的艺术大师在创作时也是这种忘我的境界呢。这是一种快乐积极情绪。有了这种积极的情绪体验，才能使孩子有持续探究的欲望，这是发展孩子创造力的重要手段。

建议

一 ▶ 理解尊重孩子

家长要以宽容、理解的心态给予孩子充分的信任和尊重，这样才有利于孩子创造力的发展。这里的理解尊重，应该是基于孩子年龄特点的尊重。比如有的家长会说，我是尊重孩子的，我会给他讲道理，告诉他家里的东西上不能乱涂乱画，这样不卫生。但是在三岁的孩子心中，他理解不了墙上涂涂画画跟卫生之间的联系，所以这样的道理对孩子是无效的，也就谈不上真正地尊重孩子。还有的家长对孩子的行为强行制止，或者对孩子的表达批评嘲笑，孩子涂鸦过程中的一些异想天开的创造性想象也被扼杀，对创造力发展不利。

二 ▶ 积极回应孩子

孩子在涂鸦的过程中，有时是独自进行，有时会主动地邀请家长加入。比如孩子画着上下线条，说："妈妈，滑滑梯，滑滑梯！"这时家长可以说："宝宝怎么滑滑梯呀？"孩子在幼儿园时，跟老师学过滑滑梯的儿歌，家长就可以逐步引导孩子回忆儿歌：上去好像爬大山，爬了一级又一级，下去好像坐飞机，嗖的一声飞下去。家长还可以跟孩子做互动小游戏，家长屈腿做滑梯，孩子爬上去之后，向下伸直双腿，让孩子顺势滑下。在以上过程中，孩子从不同的方式获得多种体验，而且由于家长的积极回应，孩子的情感得到理解与释放，有助于保持孩子持续性的探究欲望。另外，在孩子的涂鸦过程中，家长也不妨参与其中，将孩子的作品进行加工，不在于画得像不像，而是变成一件件有趣的故事，与孩子共同讲述，也是一个美好的亲子时光。家长具有一颗童心，才能成为孩子的朋友。

三 ▶ 合理支持孩子

既然涂鸦对孩子的发展有好处，家长就应该积极创造条件支持孩子涂鸦。但如果对涂鸦的地方没有约束，则会传递给孩子一个错误的信息：任何地方都可以随手涂鸦，直接导致孩子没有制约乱涂乱画的坏习惯，于是本可以促进孩子身心成长的一件好事，变成了一个乱涂乱画的坏习惯。针对小班孩子处于秩序敏感期的特点，家长可以利用孩子的这一特性选择一个固定地方让孩子进行涂鸦，可以为孩子在家里准备一面涂鸦墙，在墙上贴上可供涂鸦的黑板纸。如果购买不到环保、易清洗的绘画文具，家长们也可用其他代替物来代替孩子喜欢乱涂乱画的床单和墙面，过期的大幅挂历纸的背面就是不错的选择。这个年龄阶段的孩子边界意识还未完全形成，所以为孩子提供的纸张要大，使用过期的挂历纸恰好满足了孩子的创作需要，又可以废物利用，便于孩子创作。也可以将不同材质的旧衣服或者床单等挂在涂鸦墙上，给予孩子不同画布的体验。提供给孩子各种绘画材料，如水粉颜料、蜡笔、油画棒、水彩笔、印泥印章等，感受不同工具、不同力度使用后在纸上呈现出的不同效果。除了绘画之外，家长还可以提供黏胶、陶泥、沙、水等材料拓展孩子涂鸦的内容和形式，但要注意材料的安全性，利用这些可塑性的材料进行手工活动和涂鸦一样都是创造活动。

四 ▶ 正确引导孩子

面对小班年龄阶段的孩子，家长切忌使用具体形象的绘画作品进行涂鸦示范，应采用正确方式进行引导。如孩子想画小鱼，家长可先和孩子一起搜集各种鱼类资源或带孩子到水族馆等地方进行现场参观，选出孩子最喜欢的鱼，并进行外形特征的细致观察，不断加深孩子的印象，激发孩子对涂鸦内容的表现欲望。鼓励孩子大胆拿起画笔进行涂鸦。当孩子感觉无法继续涂鸦时，家长可及时给予鼓励：这个大大的地方是小鱼圆鼓鼓的肚子吗？这个小小的线条是小鱼身上的花纹吗……为孩子营造轻松、愉快并且富有想象的涂鸦空间。

思考与应用

　　家长带孩子到沙滩上来一场自由自在的创意涂鸦，陪伴倾听孩子的涂鸦故事；有意识地收集孩子的作品，可以用手机拍摄，标注时间，做成作品集，记录孩子的成长轨迹。这样做能让孩子感受到家长的爱，更愿意进行创意涂鸦。

第12课

孩子的责任意识从独立做事开始

现代家庭中经常会听到孩子这样的话语："妈妈，你帮我做吧！我太累了！""这个东西不好，我不要！"还有的是孩子急切地想要帮助家长做事情，可家长总会以"你还小"等理由拒绝孩子的积极主动。家长的过度保护，实际上已经在无意中剥夺了孩子实践体验和独立发展的权利和机会。那么，对于3岁的孩子来说，这行为背后的原因是什么？我们该如何从独立做事开始培养孩子的责任意识呢？

案例

星期二的早晨下着毛毛细雨，3岁的菲菲没有像往常一样和爷爷奶奶一起到公园玩耍，只是在家中看电视、玩玩具。时间很快就过去半天了，菲菲用拼插玩具拼出了很多东西——轮船、汽车……时不时地向爷爷炫耀着，爷爷总会用开心的语气和夸张的动作给菲菲一个肯定的赞许。

午饭时间到了，奶奶叫正在客厅里玩拼插玩具的菲菲和爷爷一起吃午饭。听到奶奶的叫声，菲菲马上扔下手中的玩具，转身往餐桌跑去，边跑边回头向爷爷喊道："爷爷，我不玩玩具了，你赶快收拾吧！"

客厅里，菲菲插好的玩具作品和其他拼插玩具像被打败了的士兵一样散落一地。爷爷弯下腰，默默地把玩具作品慢慢拆开，又将散落的玩具一个一个捡到玩具筐里，嘴里还不断念叨着："呵呵，我的小孙女可真聪明，玩具插得真好！"

分析 ▶

这是一个常见的案例，爷爷奶奶在家陪孩子经常发生的事情。菲菲的玩具到底该谁收拾？答案是肯定的，菲菲的玩具应该由菲菲自己收拾，也就是常说的"自己的事情自己做"。菲菲已经3岁了，具备了一定的生活自理能力，自己玩完了玩具，是可以自己把玩具放回原来地方的。在孩子游戏后，家长引导孩子自己收拾玩具，并将玩具送回原处的做法，就是让孩子在日常生活中从独立做事开始，学会对自己的事情负责，形成最初的责任意识。随着孩子良好的自我责任意识形成，慢慢地，孩子便会知道怎样去共同承担责任，怎样对他人负责，最后上升到道德伦理层面的人生观和价值观上。

案例中的爷爷的做法是不对的。爷爷认为孩子还小，这些事情应该由成人来做，对孩子过度包办代替。其实不然，收拾玩具这样的事情是适合3岁孩子发展水平的，他们愿意自己去完成力所能及的事情。爷爷代替菲菲收拾玩具的做法，首先是家长没有认清菲菲行为背后的责任，给菲菲一个错误的责任意识导向，其次是家长完全剥夺了孩子肌肉发展和获取实践经验的机会，久而久之容易使孩子养成懒惰依赖和不能吃苦耐劳、独立的习惯，即使以后遇到自己能做的事情也不愿意去做了。因此，凡是孩子自己能够做的事情，家长千万不要包办，尽量放手让他自己做，鼓励孩子自主决定和选择，让孩子有机会把事情独立完成，增强孩子的自尊心、自信心和责任心。

建议

在现代家庭中，如何从孩子3岁开始培养独立做事的责任意识，有以下几种建议。

一 ▶ 给孩子正确的责任意识导向

由于3岁孩子的心理发育水平有限，还不能理解判断事物的好坏曲直。他们判断事物是非的标准仍然是以家中大人对此事物的态度、情绪、情感来作为自己评判是非的参照物。比如，案例中的爷爷没有意识到菲菲不收拾玩具的行为习惯对孩子责任意识培养的影响，总会不自觉地帮助孩子整理玩具，把本该孩子自己需要完成的事情都包揽完成了。久而久之，孩子会认为这些事情是家长理所应当做的，就像菲菲理所当然地让爷爷帮忙收拾一样。因此，家长可以用"儿歌、故事、比一比谁能干"等趣味小游戏激发孩子想做事的欲望，并告诉孩子，这是孩子自己的责任，不能让别人代替。当然，年龄越小的孩子独立做事能力越差，家长可在孩子力所不能及时给予适当的帮助，但一定不能完全包办代劳。在日常生活中，家长给孩子做出承担责任、信守承诺的示范榜样，也是一种正确的责任意识导向。

二 ▶ 引导孩子自己做事拿主意

孩子责任意识的建立，必须有一个重要的铺垫，那就是尽可能地让孩子自己思考、选择和决定一些事，再让他们承担起相应的责任。出于孩子自己的选择和决定，他们才更愿意、更能够担责任。比如帮助孩子养成自己吃饭的习惯时，家长可与孩子商量为他提供两个选项，孩子自己思考和决定：一是孩子自己吃饭，家长在旁帮忙；二是把饭拿走饿肚子。孩子会在进行自主意识的权衡思考后选择尝试自己吃饭。再比如，案例中的收玩具环节，家长可以启发孩子想办法把玩具"送回家"，可以用手一个一个地拿，可以用推土机先将散落的玩具聚集在一起再捡，也可以请大人一起帮忙等，鼓励孩子想出自己的方法做事情。这种不强加责任，让孩子自主选择的方式，会让孩子感受到家长对他的尊重，同时有利于孩子形成自我责任感。

三▶ 做孩子的积极支持陪伴者

在孩子独立做事情时，有时会专心致志地投入其中，这时家长最好不要打扰他，只在旁边默默地陪伴他就好了。不要有"宝宝，你在干什么呀？"等明知故问、画蛇添足的做法。因为此时的孩子正在形成自己内在的架构，体验实践的乐趣，建立自我的责任意识。可能他不需要家长的陪伴，但看到家长在，便会安心继续进行他的"工作"。慢慢地，家长可用"妈妈得去看看厨房里的饭有没有煮熟？我一会就回来"或者"妈妈去一下洗手间，请稍等一会"等理由暂时离开孩子的身边，这时默默地陪伴演变成悄悄退后，孩子在独立做事的情境中慢慢感受到他有自己的事情，家长有家长自己的事情，每个人的事情是需要自己完成的。

四▶ 让孩子自己的事情自己做

孩子能够独立完成的任务，家长要学会放手让他独自完成，即使做得不够好，也应鼓励并给予一定的帮助和引导，让孩子在实践中构建正确的责任意识。3岁的孩子有很多事情都可以自己做，比如吃饭、穿脱衣服、戴帽子、走路、收拾自己的玩具等。不同的孩子能力也是不同的，对每件事情的处理方法和解决能力也会有所不同。家长可以根据自己孩子的能力水平，有意识地引导孩子完成一些小任务，如洗晒衣服、取放玩具等，鼓励孩子大胆尝试有一定难度的任务，锻炼孩子独立做事的能力，感受体验经过努力获得的成就感。

培养孩子的责任意识，是社会进步与发展的需求，更是家庭不可推卸的责任。家长应该具备强烈的家庭责任感，并给孩子积极民主的教育与培养，自主决定和选择的机会，养成孩子良好的社会责任意识和文明习惯，这样才能让孩子成为对社会有用的人。

思考与应用

1. 自己的事情自己做

请家长鼓励孩子自己的事情自己做，做到不包办代替：自己穿衣服、自己吃饭、自己走路……用图画形式记录在成长记录中，用"公园里藏宝藏""放风筝"等游戏给孩子予以奖励。

2. 我是小帮手

家长请孩子做小帮手，指导孩子在家里做力所能及的一些家务，如擦桌子、摆碗筷、洗小袜子、晒衣服等，并给予恰当鼓励和正确评价，如小碗摆得真整齐等。

3—4岁的孩子正处于人生第一叛逆期，时常表现出"倔强"和"对立"情绪，家长如何树立正确的教育理念，采取科学的教育方法，陪伴孩子成长呢？

每个孩子内心深处都有"想要被人认同和支持""我自己能行"的愿望。面对孩子在家庭中的"千奇百态"，家长应尊重孩子，了解孩子的内心，懂得孩子行为背后的真正原因，从科学育儿观、积极儿童发展观出发，采取恰当的教养策略，满足孩子的发展需求，培养出内心温暖、善良自信、落落大方的孩子。

本篇内容立足3—4岁孩子的情绪控制、适应能力、生活习惯、语言表达、社会交往、科学探究等方面，以真实家庭教育案例切入，针对不同情况，进行案例分析，提出具体建议。家长应在了解孩子身心发展规律、掌握科学育儿理念的基础上，注重教养方法，支持孩子发展。好的家长应该是学习者、实践者和反思者。家长应经常反思自己的教育行为，转变不良教育观念，学习总结适合孩子特点的教养策略，减少教养失误，促进孩子良好个性形成。

第13课 引导孩子感受别人的情绪

3岁的孩子开始有意识地感受他人的行为与情绪，这是源于他们认知能力的发展和生长环境及家庭教养的影响。从小培养孩子的共情能力，不仅能够促进孩子的心理健康，让孩子成为一个善良正直的人，还能提升孩子的人际交往能力。

案例

悠悠是个可爱的小女孩儿，活泼开朗，人见人爱。可是，最近几次悠悠的行为却让妈妈心中泛起嘀咕。

镜头一：

妈妈生病了非常难受，可悠悠却还是缠着妈妈讲故事。妈妈说："妈妈生病了，身上难受。等病好了再讲，好吗？"悠悠一听妈妈拒绝了她，生气地嚷道："妈妈真坏，不给讲故事。"说着便哭了起来。妈妈很无奈，只好又忍着病痛给悠悠讲了故事。

镜头二：

周末，悠悠和弟弟一起在奶奶家玩水枪游戏。突然，弟弟哇哇大哭起来。原来，弟弟不小心坐到水盆里了。悠悠看到弟弟狼狈的样子，哈哈大笑起来。妈妈走过来，问道："你怎么没看好弟弟啊？还笑？"悠悠却反驳道："又不是我让他坐里面的。"说完，便若无其事地玩自己的玩具了。

这一切让悠悠妈妈很担心，心中不免疑问：我的孩子怎么会这样？

分析 ▶

感受别人的情绪是一种能设身处地体会他人处境，从而达到感受和理解他人情感的能力。案例中，悠悠的行为反映出她不懂得理解和感受他人的情绪，究其原因，主要有以下几个方面。

一　先天气质不同，反应也不同 ▶

不同气质类型的孩子对于感受他人情绪也有着不同的感受和反应。如激进型的孩子自己面对困难时会非常自然地应对，对于面对困难就哭哭啼啼退步的人，是最不能理解和容忍的。而乐天型的孩子，对于身边遇到问题的朋友，是不会不管不顾的。此类型的孩子本来就是社交高手，他们会带动或帮助弱者。除此以外，忧郁型和冷静型的孩子也会有不同的表现，如忧郁型的孩子可能会被他人的情绪所感染，冷静型的孩子会对他人的情绪无动于衷等。案例中的悠悠偏向于激进型气质。

二　家长只看行为，不看情绪 ▶

家长总是用成人的角度来评判孩子的行为，常常忽略了他们的情绪感受。当孩子的感受被忽略时，就会把一些过错或者原因归咎到其他人或事物上，对孩子来说是极为不利的。如孩子打预防针，大人不去接纳和理解孩子确实疼这样的感受，反而只是说"没事，不疼"，或者孩子摔倒后大人会说"我打地，让它把你绊倒"这样的言语，只会让孩子忽略自己的真实感受，长此以往，孩子以后也就不会体会别人的感受了。

三　家长认为"长大以后自然就好" ▶

很多家长认为孩子年龄还小长大后就好了。然而共情能力是不会因年龄增长而自然发展的。孩子间的情绪能力相差较大，很大原因都是源于家长在日常生活中没有给予孩子及时的引导，错失了教育良机。有研究表明，社会交往能力、解决问题的能力与情绪能力的发展有着重要的关系。

建议

> 家长应该如何引导孩子理解他人的情绪呢?

一 ▶ 要分析了解孩子特点

家长首先要了解孩子特点,通过认识孩子的气质类型有针对性地进行因材施教,提供有效的支持和帮助。比如,乐天型的孩子天生就是交际高手,他们能够照顾到身边人的情绪,这类孩子渴望得到认可和关注,家长应及时地给予肯定;而忧郁型的孩子心思细腻敏感,比较容易感知别人的情绪,甚至将自己的情绪带入,但却不善于排解情绪,家长也需及时疏导;激进型的孩子自身自律性就很强,他们很难去同情别人,这类孩子家长应该坚定他的是非观念,坚持正面教育,可通过饲养小动物、帮助弱者等,培养孩子的爱心和同情心;冷静型的孩子似乎很难去感受别人的情绪,他们常常会成为冷漠的旁观者,这一类型的孩子,家长应该引导他们学会将情绪表达、释放出来。

二 ▶ 引导孩子识别不同的情绪

首先,丰富孩子的情绪认知。情绪一类的词汇看不见、摸不着,可以利用日常生活中所能观察到的不同的情绪,自然地告诉孩子"开心、快乐、悲伤、嫉妒、讨厌"等情绪感受的词汇。如家长下班回家后"瘫"坐在沙发上,一副很疲惫的样子。家里其他大人可提醒孩子："爸爸工作一天应该是累了，我们让他休息一会儿。"其次，引导孩子觉察自身的情绪体验，并告诉他：情绪是个调皮的家伙，每个人都有。要学会与它和谐相处，做它的主人。如孩子气呼呼地回到家，告诉家长自己跟邻居家小朋友吵架了，还嚷嚷着："再也不跟他玩了。"家长此时可引导孩子，说："那个家伙肯定很让人生气吧？快告诉我，发生了什么事儿。"

三 ▶ 要接纳孩子的情绪

家长在孩子学会表达情绪之后，一定要充分地理解和接纳孩子的情绪感受。如孩子刚上幼儿园，一天没见到家长了。一见到家长，就钻进家长的怀里哭起来。家长可默默地抱着孩子，待孩子情绪稳定后，说："你是想妈妈才哭的，是吗？你应该知道，妈妈下班后一定会来接你的。"

四 ▶ 引导孩子排解不良情绪

家长总喜欢看到孩子开心、快乐、高兴，一旦孩子出现哭闹、伤心、委屈等不良情绪时就会马上阻止。其实，即便是阻止，不好的情绪也仍然存在，且"哭"本来就有宣泄和疗愈的作用。如孩子近期有件伤心事儿，心情不好。即便家长给她拥抱，她也仍然沉浸其中。带孩子去看电影，去公园玩，去唱歌……也一直表现得情绪低落。在回家的路上，孩子不小心摔了一跤，于是大声地哭了出来。后来，孩子也不再为那件事而伤心了。

五 ▶ 妙用绘本提升孩子共情能力

绘本最能反映和贴近儿童心理，它能够将晦涩难懂的人生哲学变得更加直观，将图画与文字很好地结合，将问题用故事的形式表达。不仅简单易懂，还能够让孩子更好地看待问题，试着站在别人的立场为他人着想，提升孩子的共情能力。

六 ▶ 唤起孩子情感共鸣

引导孩子回忆过去生活中亲身感受到的情绪体验，提示他们换位思考，从而使孩子产生共鸣。如弟弟感冒发烧了，家长可引导姐姐："哟，弟弟发烧了，头很烫呀。你摸摸看？前几天你也感冒了，是不是也很难受？"通过引导孩子的情绪追忆，使她能想象出别人当时的感受。

引导孩子进行换位思考，使他们能转换到他人的情感位置上，这样能够降低自我中心倾向，促使孩子以某种角色进入情感共鸣状态。如："如果你生病了，你希望大家怎么对待你？""如果你没有朋友，你会不会也很孤单？""如果有人抢了你喜欢的玩具，你会开心吗？"

思考与应用

请家长为孩子准备一面心情墙，记录每天的心情，并和孩子一起阅读与情绪有关的绘本。在阅读过程中，引导孩子了解各种情绪。

第14课　引导孩子学着控制情绪

孩子3岁左右时，家长们会突然发现孩子不再像之前那样乖巧、可爱，经常无缘无故地哭闹发脾气。有的家长认为孩子无端发脾气就是一种坏习惯，不制止孩子会越来越糟糕，助长孩子发脾气的不良行为，因此会严厉批评呵斥孩子。还有的家长则是利用好吃的、好玩的吸引孩子的注意力，或者作为交换条件制止孩子的无端发脾气，但孩子往往变本加厉，继续哭闹发脾气，那么，这究竟是怎么回事呢？

案例

丁丁是个3岁的小男孩，是家庭的焦点。

晚饭时间，准备开饭了。全家人围坐在餐桌旁，边吃边聊，谈论着一天中发生的事情。妈妈边吃饭边旁观着丁丁吃饭的进度。丁丁丝毫不在意，用小手拿起桌上已扒好的蒜瓣儿放进自己的小盘子里，自顾自地玩着。妈妈轻轻提醒丁丁："别玩了，赶快吃饭吧！和姐姐比比赛，看谁先吃饱？"可丁丁抓起一大把蒜瓣儿放进了自己的盘子里，不停地摆弄着。妈妈顿时用严厉的声音告诫丁丁："吃饭时间不能玩。"丁丁一听，哇地哭了起来，并从餐椅下来，边哭边走边说："哼！我不吃饭了！"

近来，家人们发现丁丁爱哭、爱喊、爱跺脚、更会大呼"讨厌你"，甚至不如意就会随手扔掉自己眼前的东西，吃饭时想要看动画片，没有得到大人的同意，或者是天气还冷他想吃冰激凌，大人不满足他，他就奔跑到大人旁边，拿起小手用力拍打着大人的手臂并哭闹不止。

======= ## 分析 ▶

　　孩子从出生开始，就有原始情绪：恐惧、愤怒、哀伤、快乐等。正是由于这些情绪，孩子创造出了丰富、生动、感人、润泽的情感世界。

　　案例中的丁丁，在近期出现的"哭、喊、跺脚、拍打大人"等行为特点，明显是"愤怒"情绪的表现。3岁孩子对身边的事物有着无穷的兴趣和好奇心，因此，当看到餐桌上的蒜瓣时，便想拿来摆弄摆弄，且全身心地投入进去，没有听到妈妈的多次提醒，或是听到了也不想去做。当孩子好奇的思绪被影响时，内心的不满便油然而生。特别当丁丁的做法得不到家长认同时，他的愤怒就真正"爆发"了，并用自己的方式进行"反抗"，甚至发脾气乱扔东西。这种因玩耍的需求得不到满足而产生的愤怒同时也激怒了家长。于是，家长用严厉的声音和强硬的语言告诉孩子，不可以这样做。其实，案例中的家长所表现出的"吃饭时间不能玩"的原则很清晰，这是对孩子进餐规则的一种限制，对3岁孩子自控能力及判断是非能力较差的时期，规则是必要的，但站在孩子成长的角度来看，孩子的发脾气（愤怒、不满）是因为孩子不知道该如何表达他的情绪，而一旦他发脾气的方式对抗家长有效时，他会接着这样做下去，并乐此不疲。

　　3岁的孩子还无法将自己的情绪用语言恰当地表达出来。因此，他们最常用的表达方式就是哭，甚至用"哼！不……"的语言、"丢东西"的动作等，既可以告诉家长自己的意见，同时也调节自己的内在情绪。孩子会随着年龄的增长和家长耐心、智慧的陪伴，逐步认识自己的情绪世界，害怕、恐惧、生气、伤心、高兴……所了解的情绪也会逐渐丰富。

建议

孩子发脾气的原因大致分为两种，一是不知如何表达自己的情绪，二是发脾气可以获得家长的妥协服从。那么，我们家长该怎么做呢？

一▶ 解决情绪"三步"曲

第一步：倾听。当孩子大哭大闹时，家长首先要走到孩子身旁倾听，了解情况。蹲下来与孩子平视，轻抚孩子肩膀、背部等，观察孩子的表情，询问孩子发生了什么。让孩子说出为什么要大喊大叫，是他的愿望没有得到满足，想要什么东西没能如愿？还是受到了限制？是失去了某种快乐，还是遭受了什么挫败？倾听询问的过程中，家长的不良情绪一定要做好自我抑制。

第二步：说"不"。当家长发现并确定孩子的行为会造成一定伤害时，需要理智地判断，并及时说"不"，也就是采取行动，阻止孩子的非理性行为。快速过去搂住他，温柔而坚定地说："对不起，我不能让你继续摔东西了，我得帮你停下来。"孩子的思维不能正常运转时，尊重、理解的动作比语言要来得更加实效。

第三步：再倾听。一旦家长给了孩子"否认"的态度，那么倾听则是帮助孩子平复内心不良情绪以及感受家庭温暖的良策。它可在孩子心平气和时重拾对父母的信任和依恋，再次感受到来自家的温暖与安全。此时告诉他：发脾气其实很累，妈妈很心疼，下次可以说出来，妈妈就有办法帮助你了。家长还可以在此时模仿刚过去不久的情绪给孩子看，引发孩子的共情，体验学习恰当地表达情绪。

二 > 处理情绪"三句"决

第一句，注视着孩子的眼睛说："妈妈知道你很生气(或伤心、害怕、惊恐、恼火、愤怒、兴奋、难过等等)。"这是家长帮助孩子先给情绪命名，帮助孩子说出或了解自己内在正在发生的情绪，这也是孩子认知自己生气行为与情绪有关的第一步。因此，这时更重要的是需要家长自己也要了解自己内心世界的情绪发生了什么，才能设身处地地理解孩子发泄情绪背后的缘由。长的无知与不为所动，使孩子的情绪被忽视、被训斥、被压抑、被不理解。

第二句，家长诚恳地说："你想生气就生气吧！"这是家长允许孩子有情绪的一种无形支持。当家长发现并告知孩子的情绪后，孩子的心中对自己的情绪发泄已经有了一定认知。当听到家长对他的生气情绪并没有强迫抑制且还肯定自己的情绪时，孩子反而如同弹簧一样，没有过度的压制，不再继续反弹他的情绪。有的孩子便会在家长的宽容中逐渐降低了哭泣的声音，直至停止。

第三句，轻轻拥抱孩子或轻拍孩子肩膀，说："妈妈陪着你。"这是家长在对孩子表达自己的爱，让孩子在愤怒、生气的同时，感受到家长对他的包容和关爱，产生安全感和被接纳感。

3岁的孩子，由于其年龄较小，自控力较弱，家长对孩子的耐心讲理"你不应该这么做，不应该这样想……"真的不如选择陪伴，效果简单易行。因为孩子，或者任何人，在生气的时候，几乎都听不进任何人的话，他们不会轻易接受任何意见或安慰，他们希望能够得到更多的理解。

生活中，家长可与孩子玩玩情绪表演的小游戏：准备喜、怒、哀、怕等情绪表情图片，和孩子一起讨论什么时候会产生这样的情绪？有这样的情绪时会做哪些动作？利用共情的方式启发孩子发现问题，找到正确做法。

思考与应用

家长根据孩子近期在家中的情绪表现，选择适合3岁孩子年龄特点的情绪管理类绘本进行亲子共读，帮助孩子慢慢学会控制自己的情绪。

第15课 如何缓解家长的分离焦虑

守护了3年的孩子要上幼儿园了，做家长的却是几分欢喜几分忧。喜的是孩子终于要走出家庭，迈上一个新台阶；忧的是这个曾经日夜呵护的小人儿要离开自己一整天会不会想妈妈，会不会一直哭，会不会饿，会不会上厕所……这些担忧让家长们也陷入焦躁不安的分离焦虑情绪中。

案例

笑笑刚入园一天，奶奶就对着幼儿园老师碎碎念："老师，我家宝贝昨晚哭了，您千万别吓着他。""老师，他中午睡觉还在哭吗？""他不喜欢吃……""老师，我们孩子有没有尿裤子呀？"

早上送笑笑上幼儿园时，奶奶看到孩子哭哭啼啼的样子，便不忍地说："要不今儿不去了？"送到教室门口时，又总是一遍遍地和老师、孩子说再见，总也舍不得离开，有时候还会躲在幼儿园的角落里隐蔽观察。直到幼儿园老师坚定地向她摆手示意离开时，她才依依不舍地走了。

傍晚接孩子时，笑笑奶奶年纪虽大，但总能第一个到达幼儿园门口。一看到笑笑的那一刹那，奶奶忍不住地搂住孙子，说："哎呀，我的大孙子！想奶奶了吗？"

就这样，入园一周时间，笑笑奶奶每天都会到幼儿园门口徘徊多次，看见老师就问，看见园长就拉着不放，或细细嘱托，或焦急问询，或倾诉不舍。

分析 ▶

案例中的家长明显存在分离焦虑的情况：如犹豫，对是否送孩子入园犹豫不决，态度不坚定，孩子哭闹就不送入园；担心，对孩子缺乏信心，预想孩子会遇到各种各样的问题，总想全程陪伴孩子入园；害怕，害怕孩子在幼儿园发生安全问题，受到小朋友的欺负，会生病；焦虑不安，把孩子送到了幼儿园，自己仍不舍得离开，在幼儿园周围的隐蔽位置悄悄观察孩子的情况，焦躁不安；情绪难控制，家长自身过度紧张，面部表情比较凝重。傍晚接孩子时，看到孩子自己也想掉眼泪。另外，自己不离开，情绪难控制，常常自己掉眼泪。家长为何会产生"分离焦虑"呢？

一 情感无寄托，心生焦虑 ▶

孩子自出生起便与家长建立了紧密的情感联结，面对骤然间被剥离，必然会给孩子及成人带来心理上的冲击。尤其现在每个孩子都是家庭的核心，家长对孩子倾注了太多的关心和爱护，面对孩子突然离开家庭，父母情感寄托缺失，必然会引起焦虑。

二 变换生活模式，无所适从 ▶

孩子在家中所有的活动都是父母包办代替，形成了固有的生活模式。一旦打破这种生活模式，家长便会感觉无所适从。因此，空闲下来便会揣测孩子在幼儿园里会遇到的各种状况，在家中越想越是坐立难安。

三 家园不熟悉，缺乏信任 ▶

家长对幼儿园和教师还是缺乏信任，平常陪伴在孩子身边的是熟悉的亲人，对孩子的生活习惯及性格特点都是非常熟悉的。而幼儿园的教育者是陌生人，彼此之间不了解、不熟悉，加上新闻媒体对幼儿园的负面报道，加重了家长的不安全感。

四　入园前未做训练，过度担心 ▶ ·······

有的孩子自理能力差，入园之前家长没有锻炼孩子的自理能力，如自己用餐、提裤子、表达需求等。于是，家长就担心自己不在孩子身边，孩子会很无助。

五　缺乏育儿知识，紧张恐慌 ▶ ·······

育儿知识的缺乏也是造成分离焦虑的原因，对于家长而言，幼儿园教育是未知的领域。因为对孩子年龄特点及成长规律不了解，家长们会感到紧张和恐慌。

建议

孩子的分离焦虑和家长的分离焦虑密切相关，应当同样重视。家长应先摆脱自己的焦虑，才能够帮助孩子走出分离焦虑期。

一 ▶ 多渠道选择信任的幼儿园

孩子入园前家长应对幼儿园进行实地考察、与入园家长进行交流，了解幼儿园的教育理念、一日活动，每个环节都要知道具体干什么。选择自己信任和教育理念相同的幼儿园，从而形成思想上的统一和对幼儿园的认同感。

二▶ 多方面做好充分的入园准备

家长要做好孩子入园的物质准备。如：根据床的尺寸，准备合适的被褥；准备容易穿脱的衣服和鞋子，并在孩子的衣服、被褥上做标记，便于老师辨认，等等。对孩子进行有针对性的训练：教孩子学习自己大小便、独立吃饭、用杯子喝水、自己穿脱衣服等。

三▶ 积极参与家园亲子交流活动

积极参加幼儿园组织的家长会、家长学校开放日、运动会等亲子活动，和孩子一起体验幼儿园集体生活的乐趣，感受其乐融融的快乐气氛。就孩子初入园要注意的问题和老师做细致的沟通，及时告诉老师孩子的小名和大名，以便让老师快速地记住孩子的姓名。对孩子的各方面情况做一个基本的介绍，如孩子的姓名、喜好、习惯等。

四▶ 接纳分离焦虑的不同表现

不同气质类型的孩子分离焦虑也会有所不同。家长不要盲目比较自家孩子与别人家的不同之处，要接纳孩子可能出现的各种行为，正确认识和对待孩子初入园时出现的各种情绪反应。当孩子有哭闹或不良情绪时，利用小小的告别仪式，与孩子进行亲密地互动，如击掌、捏捏他的小鼻子、拥抱等动作给予孩子安全感。如果孩子开始入园时不适应，哭闹较严重，可与幼儿园协调好时间，先晚送早接，逐渐延长分离时间，当孩子适应之后，要按时接送。

五 ▶ 调整生活节奏，转移注意力

孩子入园后，家长要适度丰富自己的生活内容，转移部分原本聚集在孩子身上的注意力。当情绪焦虑难安时，可通过倾诉、参加户外运动等方式调整自己的情绪。暗示自己：我的孩子一定可以适应并喜欢上幼儿园，我也一定可以克服分离焦虑。

思考与应用

亲子阅读：绘本《汤姆上幼儿园》

这本书很生动地记录了小兔子汤姆上幼儿园前后的心理变化，以孩子的视角出发，描写了对幼儿园未知世界的恐惧，以及了解之后的喜欢热爱。请家长和孩子共同阅读此绘本，帮助孩子逐步适应并喜欢幼儿园的生活，从而缓解自己的分离焦虑。

第16课
引导孩子学习进餐礼仪

很多家长会因为孩子吃饭习惯不好而苦恼。比如，哄着吃，追着喂，边看动画片边吃饭……孩子养成不良进餐习惯的真正原因是什么？如何让孩子学会独立进餐呢？

案例

果果是个3岁多的小女孩，在家人的眼中，她是个聪明、可爱又调皮的宝宝。每天早晨爸爸妈妈上班后，就是果果吃饭的时间了，果果对家人进行了明确的安排：爷爷负责播放动画片，并将各种饭菜用托盘端放在电视机正前方，等候果果前来就餐；奶奶负责为果果端水和擦嘴巴，没有果果喜欢的动画片时，还要一直举着手机让果果看动画片。

周末的早晨，果果爸妈可以陪她吃饭了。妈妈举起勺子，想要喂果果吃饭，只见果果转头便走，妈妈手拿勺子紧跟在后，嘴里不断喊着："宝宝别跑，快尝尝这个吧！"拒绝吃饭的果果走到电视机前，拿起遥控器让妈妈更换频道，并指挥爸爸将她喜欢吃的饭菜端到电视机前。

这时的爸爸冲着果果怒声呵斥道："怎么回事？吃饭到餐桌上！自己吃！"看到生气了的爸爸，果果跺脚大哭，嘴里喊道："不，我不要你管我，我让爷爷喂我吃饭！"正当果果爸爸再想发火时，爷爷发话了："你们都放下，我来喂！你们不会！孩子不习惯！"

分析 ▶

结合上述案例，导致孩子不能独立进餐的原因主要有以下三个方面。

一 祖辈对孩子的溺爱 ▶

爷爷奶奶对果果的照顾无微不至，有求必应。吃饭时对果果的各种指挥和安排言听计从，并乐在其中。果果在爷爷奶奶面前就是一位"小管家"，让爷爷奶奶为自己服务，并理所应当地享受，养成了依赖的习惯。这种爱的方式，实则是过度的溺爱。案例反映出普遍存在的隔代养育的家庭形态，家长工作紧张忙碌无法陪伴孩子，教养孩子的重担由祖辈承担。而祖辈对孙辈的教养过于面面俱到、尽心尽力，往往会对孙辈没有原则地过分宠爱，让孩子的依赖性大大增强。

二 家长教育观念不一致 ▶

在果果的进餐问题上，祖辈的观念是不管用什么样的方式，只要孩子愿意吃饭就行，哪怕边哄边吃也行，边看动画片边吃也可以。从果果妈妈的行为来看，她对于给孩子喂饭很认可，没有想过让孩子自己动手吃饭。果果爸爸倒是表达了让孩子独立吃饭的意愿，但是他的严厉呵斥，让站在果果立场考虑问题的祖辈难以接受，祖辈不允许孩子受委屈，便阻止了果果爸爸的管教。家长之间的教育观念不一致，会让孩子没有规矩，在约束自己的行为上无所适从。让孩子学会独立进餐，需要家长与祖辈之间形成一致的教育观念，并相互配合与协助。

三 忽视了孩子独立性的培养 ▶

在对待孩子独立进餐的问题上，果果的家长没有意识到独立性培养的重要性，缺乏原则，加剧了孩子不良习惯的养成。日常进餐中，习惯性地边看电视边喂饭，很容易使孩子形成一种心理惰性，缺少孩子对自我行为的有效支配，不仅不利于孩子的肠胃蠕动吸收，更会抑制孩子进行有益、自发的独立活动的意识。让孩子学会独立进餐是一件非常单调乏味且困难的事情，需要付出更多的耐心和努力，但这才是真正的家庭教育。如果家长一味地包办代替，就相当于关闭了孩子自我学习的大门，在孩子成长的道路上设置了不必要的障碍。

建议

让孩子学会独立进餐，家长应该如何做呢？

一 ▶ 家庭成员达成一致教育观

案例中果果爸爸妈妈和爷爷奶奶是两个时代的人，其教育态度、教育方法均存在较大差异。比如，果果爷爷全力支持果果边看电视边喂饭的行为，而爸爸则强力反对，这种进与退、正与反、严与松的教育行为，造成了家庭中管教要求的不一致，让孩子有了保护伞，大大影响了教育效果。长此以往，生活在这样环境中的孩子容易形成性格的双面性。为让孩子学会独立进餐，养成独立意识，无论是祖辈还是父辈都应相互理解、相互商量、统一教育，使两代人构成双保险，为孩子学会独立进餐打下坚实的基础。

二 ▶ 营造轻松融洽的进餐氛围

温馨进餐环境布置：进餐前，可在餐桌上铺上漂亮的桌布，播放轻松、愉悦的音乐，用孩子感兴趣的童趣餐具盛放色、香、味俱全的饭菜；如果孩子身高不够，还可准备宝宝餐椅，让孩子的精神得到放松，这样有助于促进孩子的食欲和养成良好的性格。同时，进行愉悦进餐趣味引导：进餐时，家长可用风趣的语言引导孩子观察不同食物的颜色、形状等特点，如红红的胡萝卜是小兔子的最爱，绿绿的菠菜能让大力水手变成大力士。

三 ▶ 养成按时定位进餐的好习惯

3岁孩子已经能够认真倾听，并能听从长辈要求。因此，家长可根据孩子现阶段的年龄特点，对孩子提出坐在餐桌旁边按时进餐的要求，明确提醒不可以边吃边玩。同时，家长还要以身作则，既可以培养孩子的时间观念，又可以让孩子懂得正确的进餐规则。进餐时，还可引导孩子关注还有谁没坐到餐桌旁边，需要赶快邀请来共同进餐。

四 ▶ 不追不塞，理智对应

进餐时，如果孩子不想吃饭，切记不要追着孩子喂。孩子不想吃饭，可能是由于饥饿程度不够、运动消耗不足、遇到自己不喜欢吃的菜、身体不舒服等原因。家长可以先观察孩子是否有异常情况，如无特殊情况，就可等孩子饿了，自然就想吃了。

五 ▶ 适量分餐，大胆放手

3岁孩子的自我控制能力和判断意识较弱，因此，家长可在询问孩子意愿的基础上，为孩子适量分餐。分餐时可采用每次给予少量食物，鼓励孩子多次加食的办法，这样可以提高孩子吃完一份饭的自信心和成就感，激发孩子自己独立进餐的兴趣。进餐时卫生习惯较差的孩子，往往桌上、地上和衣服上弄得全是饭粒、菜汤。这时，家长一定要大胆放手，不要着急。如可为孩子准备好吃饭时用的罩衣，提醒孩子吃饭时的动作要领。

独立进餐是最基本的生活自理能力，家长要有意识地锻炼孩子，培养孩子的独立意识，减少孩子对家长的依赖心理。这个过程中也需要家长付出耐心和恒心，帮助孩子形成稳固的好习惯。

思考与应用

制作"我会自己吃饭"记录表，记录孩子每天独立进餐的情况，可以用"笑、不开心"两种表情在表格上进行记录，增强孩子的自信心和成就感，鼓励孩子养成独立进餐的好习惯。

记录表格式如下：

1	2	3	4	5	6	7
☺	☹					

备注：

在家中某处设立记录角，家长每天引导孩子自己进行粘贴和观察，讨论、发现、总结问题。如果独立完成进餐即可贴上 ☺ ，没有完成则贴 ☹ 。

第17课
孩子爱吃零食怎么办

在日常生活中，孩子是家里的"小宝贝"，很多家长认为3—4岁的孩子年龄小、好动，消耗能量快，于是便经常给孩子买零食。另外，零食的花样多，有的家长看到孩子不爱吃饭时，便经常用零食来吸引孩子，以减少孩子的哭闹，导致影响孩子的正常用餐。面对孩子爱吃零食的现象，家长该如何进行引导与改变呢？

案例

小优今年刚满4岁，在家中就餐十分困难，时间不固定，饭量小，挑食。每次在饭前总喜欢吃油炸零食、甜筒或者其他刺激性的食品，等到进餐时便总是不好好吃饭。这让爸爸妈妈很是头疼。"小优，还有一勺米饭，你吃完好吗？"小优经常会以"吃饱了"或者"不想吃"来推诿，妈妈往往很生气，但又不知道该如何劝说。最终的结果要么孩子号啕大哭，要么不了了之。

经常不进食正餐的小优，食用零食的次数越来越多，且主要以甜食为主，像糖果之类的零食更是平均每天食用三次以上，不吃就会以哭闹等形式表示抗议。妈妈曾采取过讲道理、严厉呵斥等多种方法，但小优改变很少。这让爸爸妈妈很是无奈，不知该如何是好。爷爷奶奶对小优更是百依百顺，总会在孩子吵闹时主动送上零食。这使得小优从父母那里得不到零食时，便主动去找爷爷奶奶要。

┉┉ 分析 ▶

3—4岁的孩子年龄小，是非判断能力差。对于吃零食的喜好更多来源于家长的判断和社会的影响。孩子爱吃零食的情况，某些程度上折射出孩子的心理反应和行为倾向。其原因有如下几点：

一 孩子自身食欲的影响 ▶┉┉┉┉┉┉┉┉

3—4岁孩子的味觉敏感度较高、味蕾密度较大，像甜甜的糖果、香香的油炸食品都能在不同程度上刺激孩子的味蕾，所以孩子十分爱吃。案例中的孩子每天吃3次以上的甜食，使其摄入了大量的糖分，而体内血糖达到一定水平时，容易造成食欲不振。

二 家长不良榜样的影响 ▶┉┉┉┉┉┉┉┉

一方面，家长不注重克制自己食用零食的数量，也不避讳零食是否适宜孩子。这让孩子认为零食可以常吃，对零食的喜好程度大大提升。另一方面，家庭内部对于吃零食的意见出现分歧，不统一，折射在孩子身上就是时而严令禁止孩子吃零食，时而又可以吃。在有祖辈家长的家庭中，这一点显得尤为明显。

三 社会不良现象的影响 ▶┉┉┉┉┉┉┉┉

社会环境对孩子的饮食行为也有重要影响。一方面，各种网络媒体中出现的关于零食的视频、广告，数不胜数，对于判断力较弱、未形成固定习惯的孩子来说，诱惑力极大。另一方面，一些食品的质量堪忧，不利于健康。比如，有些辅食中添加剂过多，会影响孩子的生长发育。

建议

家长到底应如何正确对待孩子爱吃零食的现象呢？

一▶ 针对孩子不同的气质类型，采取不同喂养方式

家长应把握、了解孩子的生理特点，关注睡眠、运动、情绪等对食欲的影响，不同气质类型的孩子表现不同。比如，易养型孩子吃饭不挑剔，家长对于这样孩子的吃饭不必费心；难养型孩子则会面临更多如入睡、饮食等方面的难题，家长应对症解决。家长要在保证孩子身体舒畅的情况下，选择适宜时间喂养，慢慢养成固定时间。除此之外，尽量少让孩子食用各种零食，循序渐进，直至养成良好的饮食习惯。对于孩子来说，零食不能完全禁止，而是定时定量供给即可。

二▶ 家长树立榜样作用，强化孩子良好的饮食行为

家长及其他看护人要达成教育共识，共同为孩子做好健康饮食的榜样。家长应该做到餐桌上饮食均衡，不在孩子面前显露自己不喜欢吃哪种菜，孩子在这样无声的教育中，慢慢就会减少对零食的需求。家长要及时鼓励孩子良好的饮食行为，如对按时就餐，一段时间没有吃零食等行为及时予以表扬，强化其良好的行为习惯。同时，家长要学会制订科学食谱，吸引孩子的饮食兴趣，营造良好的就餐环境，以促进孩子形成良好的饮食行为。

三 ▶ 帮助孩子树立健康的零食观，适宜、适量地提供零食

孩子正在成长，会有自己的想法和选择。孩子如果想吃零食，家长要在充分尊重孩子意愿的基础上，适当对孩子的要求加以调控，引导孩子少吃油炸、过甜、过咸的零食，少喝含糖饮料等，促使他们形成健康的饮食观念和饮食行为。

思考与应用

家长和孩子利用周末时光，一起制作烘焙类零食（饼干、蛋糕等），用榨汁机榨制新鲜果汁，全家一起分享快乐时光。

启发式提问培养孩子思维能力

3—4岁的孩子思维活跃、想象力丰富，家长要有意识地为孩子提供自由、自主和宽松的家庭环境，善于通过启发式提问激发孩子的思维，更好地发挥创造性。

案例

一天晚上，点点正在看书。爸爸走过来看到书中图画上有几个大大小小的圆圈，于是随手指着一个圆圈问点点："你觉得它像什么？"点点看了看说："像饼干，像太阳。""还像什么？"点点又说："像皮球。""还有呢？"点点不吭声了。

明明可以有很多答案，点点却只说出这几个，爸爸很着急，便担心地问点点妈妈："点点的想象力是不是有点差啊？"点点妈妈说："我来试一试。"妈妈把点点揽在怀里，再次指着图画问："点点，你觉得这个像什么？"点点还是说出了那几个答案。妈妈笑眯眯地追问："把它变一变，会变成什么？""手镯、太阳、西瓜、眼睛……"点点仿佛突然恍然大悟，说出了一串名称。

妈妈继续追问"你觉得什么东西和它像？"在妈妈的启发下，点点的答案越来越多，"项链、杯盖、抹布、电风扇、小鸟的肚子、肚脐眼、章鱼的吸盘、旋转的陀螺……"

分析 ▶

很多家长认为孩子能一口气说出很多答案，就是思维能力好，这种观点是片面的。关注孩子的思维能力，除了量的增加，还要关注灵活性、独创性，通过激发想象力，提升孩子的思维品质才是最重要的。

上述案例中，两位家长从孩子那里得到了截然不同的回答：点点爸爸获得的答案是"饼干、太阳、皮球"，数量少，而且基本上是圆形或球形的物体；妈妈得到的答案可以分为三个层次：第一层次是圆形、球形物体"手镯、西瓜"等；第二层次是类圆物体"杯盖、眼睛"等；第三层次是一些具有独特创意的想法，如"小鸟的肚子、肚脐眼、章鱼的吸盘"等。两者所获得的答案的数量和质量有明显的区别。

为什么在妈妈的引导下，点点会表现出如此丰富的想象力呢？主要原因在于妈妈的提问，妈妈首先问："你觉得这个像什么？"针对点点的答案，妈妈继续问："把它变一变，会变成什么？"妈妈的引导，激发了点点的想象力，想到了更多的答案。接下来，妈妈又问："你觉得什么东西和它像？"点点思维的大门继续开放，联想到身边的物品，答案更加丰富。

一般来说，孩子的思维过程包含分析、综合、比较、抽象、概括。案例中妈妈的三个开放性问题，符合点点的思维特点。第一个问题"你觉得这个像什么"是引发孩子思维的起步，给她自由思考的时间，从最简单的表象开始分析；第二个问题"把它变一变，会变成什么"，有很大的自由度。在前面经验的基础上，点点心理放松，思维活跃，可以结合表象特征进行综合分析了；第三个问题"你觉得什么东西和它像"，更加开放，是引导孩子关注、比较、概括生活中的物品，即任何东西都可以部分或局部与圆形相像，只要说出理由就可以。正是由于妈妈的启发式提问，引发了孩子积极的思维活动，得到了更加好的效果。

建议

怎样有效提升孩子的思维品质呢？家长要了解孩子的思维发展特点，用启发式语言引导，有的放矢地进行科学教养。

一 ▶ 多和孩子进行启发式交流

启发式交流是培养孩子综合分析能力的好方法。家长在对孩子进行启发式谈话过程中，引导孩子对事物进行观察分析，既发展了语言表达能力，又提升了逻辑思维能力，还促进了亲子情感交流。和孩子看图片时可提问"狗有几条腿""猫有耳朵吗""你头上都有什么"等问题。当孩子能迅速反应后，可以将问题延伸，如和孩子散步时，看到绿绿的小草，可以问孩子："这是什么颜色？"和孩子吃水果时，可以提问："今天吃的水果红红的、圆圆的、甜甜的，猜猜是什么？"

二 ▶ 依托具体形象提升抽象概括能力

3—4岁孩子的思维特点具有具体形象性，他们的抽象概括能力离不开事物的具体形象。因此，家长应尽量扩大他们的感知范围，尽可能让孩子多看、多听、多摸，获得大量直接的感性经验。

下面是一位家长和孩子的对话：

家长：你看，天上有许多云，它们像什么？

孩子：像棉花糖。

家长：棉花糖是什么味道的？

孩子：甜甜的。

家长：你吃过什么颜色的棉花糖？

孩子：白色、红色、黄色。

家长：那一朵有点像小羊。看看小羊的角在哪里？

孩子：那个尖尖的地方就是小羊的角。

家长：天上的云彩还像什么？

孩子：那个长长的像一条蛇，那个像小兔子……

通过家长的引导，孩子的思维被激发，想法就会源源不断地涌现出来。

三 生活中启发孩子观察比较

家长要及时抓住生活中的每个教育契机，从生活实践入手，培养孩子的观察比较能力。在孩子认识事物的时候，引导他对不同事物进行比较：下雨的时候，让孩子听听雨声，判断雨大、雨小或者雨停；参观动物园时，告诉孩子食草动物和食肉动物牙齿的区别，并看看自己的牙齿。

随着孩子年龄的增长，观察比较的内容从物体的单一特征过渡到多种特征。比如玩积木时，可以在许多积木中寻找又长又粗的，或者寻找又短又细的。还可以从对外部明显特征的比较过渡到内部特征的比较，如吃水果时在"苹果、梨、香蕉、柠檬"中找出谁最酸的那个等。

思考与应用

　　家长和孩子一起玩猜谜游戏时，用简单的语言描述常见物品或动植物的主要特征，让孩子猜它的名称；还可以在给孩子讲故事时，到结尾处给孩子留白，鼓励孩子发挥想象力，创编故事结尾。

第19课 帮助孩子学着解决问题

思维能力是人一生发展的重要能力，直接关系到孩子未来的学习与发展，而0—6岁是孩子思维能力培养的黄金时期。家长应如何发展孩子的思维能力呢？

案例

天天今年3岁，特别喜欢搭积木。今天，天天尝试用积木搭高楼。他把大小不一的积木自然垒高，一层、两层、三层，搭到第五层的时候，哗啦一下，楼房倒了。天天不灰心，又来了一次，高楼搭到第五层，还是没有站住。

当第三次失败的时候，天天不耐烦了，便去找妈妈帮忙。妈妈正在刷手机，玩得不亦乐乎，天天一叫，就有点不耐烦，说："高楼有什么好搭的，搭不好就不搭了，换个别的。"看到妈妈不来帮忙，天天很委屈，哇的一声哭了起来。

正在书房的爸爸听见了，急忙跑过来，问明情况后，拉着天天走到积木旁，说："楼房倒了没关系，看爸爸帮你搭好。"三下五除二，爸爸很快帮天天搭起了一座高楼，天天不哭了，爸爸满意地重回书房，留下了独自玩耍的天天。

分析 ▶

孩子都喜欢玩积木，三岁孩子能够用平铺、延长、垒高、加宽等基本技能进行简单地建构。案例中的天天，就是在进行垒高游戏。在天天遇到困难的时候，爸爸妈妈两种不同的态度，会给天天带来什么影响呢？

案例中的妈妈，把更多的精力放在手机上，认为搭不好就可以放弃。3岁的孩子，接连失败三次，内心已经很失落，急需成人的支持和帮助，但妈妈的漠然处之，是对幼小心灵的又一次打击，所以天天哇的一声哭了起来。而爸爸的做法截然相反，爸爸迅速走过来，三下五除二，帮助天天搭起高楼，天天不用动手就实现了自己的目标，下次再遇到困难，就会自然而然地让爸爸出面解决。这种过度包办，剥夺了天天自己解决问题的机会。

为什么天天在搭建过程中会出现高楼倒塌的问题呢？首先，三岁孩子手部肌肉发育不完善，对精细动作缺乏控制能力，虽然能运用积木进行组合搭建，但垒高至五层有一定困难，越到高处，对肌肉控制要求越高，手稍微一抖，便前功尽弃，这也是天天连续失败三次的原因。其次，天天缺少积木垒高的生活经验。通常要垒得高，先要有个稳定的基础，也就是要将大积木放在下面，小积木放在上面，同时还要保证积木的整齐度。很显然，天天还不具备这些生活经验，无目的、无方法的垒高导致游戏失败。最后，天天游戏失败还有缺少家长的鼓励和帮助的原因。孩子在做事情的时候，大都会遇到困难，和困难一起来的还有负面情绪。这时候如果家长陪伴在孩子身边，给予适当协助，孩子在感受失败挫折的同时，也会获得成功的喜悦，会保持一种积极的情绪状态，使游戏继续下去。

建议

孩子遇到问题、解决问题的过程，就是思维发展的重要途径。解决的问题越多，思维发展就越迅速。这其中，家长的支持起着至关重要的作用。

一▶ 善于提问与共同解决问题

问题是思维的起点，怎样才能让孩子想问、会问呢？首先，家长要善于向孩子抛出问题，抛出没有唯一答案的开放性问题。其次，父母要善于接住孩子抛来的问题。每个年幼的孩子都是一本《十万个为什么》，面对他们的问题，一定要做出积极回应，因为孩子提出问题的过程，就是他建构认知、发展思维的过程。不管家长心中是否有明确答案，都不要马上回答，而是与孩子一起查阅书本、动手实验、上网查询，享受发现、探究和解决问题的过程。面对难以回答的问题，家长可以反问：你觉得为什么会这样？听听孩子的想法，不但可以了解提出问题的根源，还有利于掌握孩子的思维动态。

二▶ 理解、认同孩子对问题的感受和处理方式

孩子和成人观察事物的角度是不同的。在很多情况下，家长和孩子对问题的理解大相径庭，所以遇到问题时，首先要搞清楚孩子的看法，不要把成人的心理需求和对问题的解决方式转嫁给孩子。例如带三岁孩子去花鸟市场买金鱼，面对色彩缤纷的小鱼，孩子可能只选择一种颜色，如红色的小鱼买很多条，这和他的认知发展水平有关。但家长对此并不理解，经常会干涉，认为每种颜色的小鱼都买才更合适，这就是心理转嫁。因此，我们一定要遵循孩子的年龄发展特点，尊重他们处理问题的方式，不要忙中添乱或自寻烦恼。

三 ▶ 启发孩子运用多种思维方式解决问题

家长可引导孩子利用发散思维解决问题。这是一种从目标出发，寻找多种路径，得出多种答案的思维方式。比如家长可以和孩子玩"猜一猜"的游戏，启发孩子利用多种信息，得出解决问题的正确思路。比如"毛茸茸的，非常柔软，喜欢让人抱着，喜欢吃蜂蜜，猜猜它是谁？"鼓励孩子从外表、手感、习性等信息，推断出答案是毛绒小熊玩具。当孩子能综合运用多种思维方式解决问题时，思维能力就能获得飞跃式发展。

四 ▶ 支持孩子承担解决问题带来的后果

孩子解决问题的过程不是一帆风顺的，家长要鼓励孩子学会考虑后果，并愿意承担后果。比如幼儿园里要组织户外活动，请孩子们准备合适的穿着，家长可以把这个权利放给孩子，让他自己选择衣服、需要的装备等。如果爱美的女孩选择了裙子，家长可以建议换装，如果孩子执意不肯，那么她就要承担户外游戏中穿裙子带来的不便。

思考与应用

家长与孩子一起做角色扮演游戏。在游戏中，家长有意识地为孩子设置小问题，鼓励孩子运用多种方式解决问题，发展思维能力。

第20课

培养孩子的户外安全意识

　　户外活动不仅能增强孩子的体能，还能锻炼孩子的语言表达、人际交往等多种能力，有利于孩子形成不怕困难、勇于探索等优良品质。但在户外活动中也存在一定的危险，家长要有意识地培养孩子的安全意识和自我防护能力，保障孩子身心的健康发展。

案例

　　3岁的强强是个活泼好动的小男孩，奶奶很害怕他受伤，所以从小很少带强强下楼。自从上幼儿园后，强强变得非常喜欢和小朋友在一起玩耍，即使下午妈妈接强强回家，也要到小区公园里玩一会儿才肯回家。周末，妈妈还会带强强去游乐园或周边公园玩。户外玩耍时，强强经常会不小心"挂彩"，有时候是因为自己跑不稳而摔伤，有时候是和其他小朋友发生摩擦或冲撞而受伤。

　　一天，妈妈领着强强路过小区公园，看到小朋友在玩滑梯。强强就兴奋地飞跑过去，一不小心被绊倒在路边，嘴巴磕在了地上，牙齿把下嘴唇弄伤，还去医院缝了两针。之后，妈妈就限制了强强的外出活动。但强强很不愿意在家，有时会大哭大闹地喊着要出去玩，可妈妈总是想尽办法把强强哄在家里。即使有时间带强强出去玩，也会一直牵着他的手，很少再让他自由玩耍了。

分析 ▶

　　强强这个年龄阶段的孩子活泼好动，开始走出自我的世界，喜欢到户外与小朋友一起玩耍。因此，家长为孩子创造与小伙伴相互接触的机会，对他们的心理发展十分重要。但在活动中，家长会因孩子经常受伤"挂彩"而非常心疼，便会限制孩子的户外运动及与同伴交往的机会。虽然这大大降低了孩子受伤的概率，但家长的这种做法因噎废食，显然是不恰当的。为什么孩子在户外活动中会经常受伤呢？主要有以下几方面原因。

一 身体机能发育不完善 ▶

3—4岁的孩子，虽然处在身体快速发展阶段，但对身体的控制能力还比较弱。这一时期，孩子的身体平衡、协调性比较差，反应不够灵敏，所以在跑、跳、攀爬等过程中容易发生摔伤、磕伤等情况。比如在奔跑时，大多数孩子会沿着直线或较大曲线跑动，但跑动中不能轻易拐弯或停止。当碰到其他孩子或障碍物时，不会躲避。这也是案例中强强经常跑不稳而摔伤的主要原因。

二 思维发展特点所致 ▶

3—4岁的孩子仍以直观行动思维为主，认知活动往往依靠动作和行动，并易受周围事物及自己的情绪影响。一般先做后想，或者边做边想，不会思考好以后再做。因此在活动过程中，对于可能出现的伤害与危险缺乏认识，不会预想自己的行为会产生什么样的后果和影响。如一个孩子兴奋得倒在地上时，其他小伙伴会模仿，同样也会倒下并压在他身上，容易发生挤压受伤的事故；孩子在一些有趣的环境中，往往会由于好奇多动而四处乱跑，容易走丢。

三 孩子规则意识薄弱 ▶

户外活动往往是需要与同伴一起开展的，即使是简单的游戏活动，也有一定规则。比如孩子们一起滑滑梯，需要按照先后顺序，不推不挤。一些想突破常规的孩子，总有新的"尝试"和"冒险"，如倒着滑滑梯、从下往上爬滑梯、故意追赶打闹等，这些方式常常伴随着危险。

四 家长的过度保护 ▶

从案例中我们可以了解到，孩子小时候多是在家中玩，妈妈因怕孩子受伤，很少让孩子到户外活动。这样既无法得到充足的锻炼，也导致孩子缺乏相关的户外活动经验，影响了孩子身体运动方面的正常发展，使孩子的运动技能和体能较同年龄的孩子弱，极易出现运动受伤的现象。

建议

任何人的保护都不如孩子的自我保护来得及时。所以，这个问题最根本的解决办法是增强孩子的体质，培养孩子的安全意识和自我保护能力，而非因噎废食，限制或阻止孩子参与户外活动。

一 ▶ 教给孩子户外安全知识

每次外出前，家长要和孩子确定好户外活动的内容，并结合可能发生的不安全因素进行安全教育引导。让孩子了解在活动中容易出现的危险情况，思考怎样才能避免这些危险情况，帮助孩子建立初步的安全意识，减少危及身体健康情况的出现。如去游乐园活动的时候，要和家长在一起，不能自己到处走；如果找不到家长，不要害怕，可在原地等待家长，不要跟陌生人走。

二 ▶ 提升孩子的户外安全意识

家长借助环境对孩子进行安全教育，可起到直观形象的作用，效果显著。如过路口时，引导孩子认识交通信号灯和人行横道；有意识地引导孩子观察路边常见的安全标志，了解安全标志的含义；路过工地、河边、水库等有危险地方时，引导孩子了解这些地方有哪些危险，让其知道自己不能单独在这里玩。

三 ▶ 培养孩子的规则意识和交往能力

安全和规则意识密不可分，家长可以利用孩子喜欢的户外游戏培养孩子的规则意识。在进行每项游戏前，先让孩子了解相应的规则和方法，如玩蹦蹦床的规则：排队进出蹦蹦床，玩时如果站不稳，可抓住周边扶手，不可以抓其他伙伴的身体或衣服。玩秋千的规则：别的小朋友在玩时，不可推拽小朋友，可以在旁边耐心等待，或者礼貌询问"什么时候可以轮到我"。在游戏中，家长要关注孩子的行为，发现问题要及时提醒孩子遵守规则，并提供一些解决办法，供孩子自己选择和决定。还要引导孩子建立良好的行为规范，学习人际互动，更好地保护自己和他人的安全。

四 ▶ 为孩子树立学习榜样

善于模仿是孩子典型的学习特点，喜欢模仿家长、同伴和身边的人。由于孩子的辨别能力较弱，无论对错都会模仿。因此，家长首先在生活中要处处规范行为，不做一些危险的事情，遵守规则，从一言一行、一举一动开始，为孩子做出好榜样。其次，及时引导孩子发现身边注意安全的良好行为和做法，如"瞧，这个小朋友双手紧紧抓着两边绳子，秋千荡得真稳啊！""这个小哥哥排队滑滑梯，每次都是等别人滑下去后自己才滑。""这个小姐姐不挤不抢，排队去玩。"不断从正面引导教育孩子，通过模仿和学习有效帮助孩子正确理解安全知识，强化安全意识。

思考与应用

和孩子一起阅读安全教育类的绘本，了解户外安全等方面的知识，预防和应对生活中常见的安全问题。

第21课
引导孩子运用多感官感知世界

感官是孩子与周围环境、人和事物联系的桥梁。当孩子充满探索欲望时，家长应呵护孩子的好奇心，激发求知欲，为孩子创造充分的多感官参与活动的机会，满足孩子的合理要求，并对孩子的感官系统施以合理的刺激及引导，使孩子的感知觉和观察力更加敏锐、准确。

案例

阳阳是一个3岁多的小女孩，活泼可爱。一天，奶奶在家包水饺，阳阳高兴地说："奶奶，我也要包水饺、我也要包水饺。"奶奶说："小孩子，不会包，快去看动画片吧。"妈妈则说："让阳阳和妈妈、奶奶一块儿包水饺吧！"

于是祖孙三代一块儿包水饺，阳阳一会儿"揉面团儿"，一会儿"擀面皮儿"，一会儿"放水饺馅儿"，一会儿"包饺子"，忙得不亦乐乎……奶奶看到阳阳弄脏了衣服，浪费了食材，于是就不让阳阳"帮忙"了。最后，还是让妈妈把孩子抱走了。

分析 ▶

感知是一个积极的过程。案例中包饺子的过程，孩子运用多种感官获得了对饺子的认识：通过视觉，观察面团的颜色、饺子皮儿的形状；通过嗅觉，感知水饺馅的鲜美；通过触觉，了解面团的特点是柔柔的、软软的……在孩子的世界里，所有的生活材料都服务于她的游戏和探索。案例中，孩子在"包水饺"的过程中，可以充分感知面团的特点：白白的、柔柔的、软软的。在团、压、擀、捏的过程中，发展了孩子手部动作的灵活性和协调性。通过这种直接感知，孩子对饺子有了更深刻、更正确的感知和判断，从而促进了思维的发展。当然，孩子包的饺子或许没那么好看，饺子皮也许还没有黏合好，饺子馅可能还会裸露在皮的外面，但当孩子把自己包的饺子小心翼翼地放好，并在煮熟以后久久不舍地吃掉，反复地欣赏时，孩子显露的兴奋之情是溢于言表的。那一刻，孩子享受的是包饺子带给她的成就感。她所关注的不是衣服是否干净，饺子的样子是否好看，是否浪费食材，重要的是孩子在专注包饺子的过程中萌发出了对事物探究的兴趣与欲望。

案例中的妈妈，支持孩子参与包饺子的活动，而奶奶关注的则是衣服的整洁、食材的使用效率，不了解孩子可以在这样的动手操作中获得多种认知及生活经验，卫生习惯和节约美德都是可以从实践体验中培养，最终剥夺了孩子参与体验、获得发展的机会。想要解决卫生的问题，其实很简单，家长可以给孩子做好操作前的准备：洗手、穿上围裙等。日常生活中，家长和孩子一起"做饭"，让孩子了解包饺子的材料、方法、工具、流程、烹饪方法等，可以在满足孩子发展需要的同时，呵护孩子的好奇心。

鼓励探索是对孩子最好的支持。家庭生活中常有家长用成人的做事标准和思维方式，过多地限制孩子的自由探索，怕玩水弄湿衣服，怕吃饭时饭菜撒得到处都是，怕玩弄花草时弄脏皮肤和衣物……殊不知，家长的过度呵护，破坏了孩子的自主探索行为，大大减少了孩子感知、探究世界的机会。而由祖辈家长教养的孩子，更习惯关注孩子的吃、喝、拉、撒和安全问题，对孩子不同阶段的成长特点和心理需求不够了解，降低了孩子的动手操作能力，更使孩子无法获得自信和成就感。

建议

没有感知觉能力，孩子就不可能获取经验，智力更无从发展。所以，发展孩子的智力首先要从感知觉训练开始。在家庭中，到底该如何引导、帮助孩子运用多种感官感知世界呢？

一▶ 创设丰富环境，激发探究兴趣

环境对孩子的感官刺激越大，他们参与探究的积极性就越高。因此，家长要尽可能地为孩子创设看、听、摸、嗅的环境，给孩子提供大量的不同性质的刺激，支持孩子用自己的眼睛、耳朵、双手等各种感官去充分感受、体验、探究事物，让孩子的各种感觉机能都得到不同方式的刺激，不断提高孩子的认知能力，丰富孩子的感性经验。如播放不同风格的音乐让孩子倾听，提供不同颜色、大小、形状的玩具等。

二▶ 抓住敏感时期，丰富感知经验

孩子在感官敏感期时，如果内在的需求受到妨碍而无法发展，就会错过感官发展的最佳时机，以后如果想再学习此项内容，不仅要付出更多的时间和精力，效果也不明显，甚至事倍功半。因此，家长要细心观察孩子的内在需求，抓住感官发展的敏感期，给孩子提供运用多感官探索事物或现象的机会，如带孩子观赏公园中各种颜色的花，教孩子辨认红、黄、绿等常见颜色，到动物园喂鸽子，引导孩子观察蚂蚁搬粮食的情景，和孩子一起扑蝴蝶，到乡村捉泥鳅放在家里喂养等。让孩子在与周围世界的接触中，丰富感知经验，开拓视野，发展观察力和探究能力。

三▶ 亲历探究过程，避免干预代替

3岁左右的孩子，对周围的事物充满兴趣与好奇，喜欢用各种感官去感知和体验外界事物。但由于很多家长缺乏科学育儿经验和过多的包办、替代，导致孩子缺少适当的感官刺激，造成感官障碍，对外界事物不再敏感或变得迟钝，缺少了观察力、想象力和创造力。如不让孩子玩水、下楼奔跑、自己吃饭等。其实，孩子的感觉是丰富的，他们用所有的感官去感触事物，才能获得乐趣和经验。家长在日常生活中，要坚持让孩子亲历探究的过程，帮助孩子获得充分刺激。如和孩子一起唱歌、数数；亲子共听音乐，并鼓励孩子摇摆身体做出简单的模仿动作；和孩子一起收集废旧报纸、包装盒、生活日用品等材料，进行拼摆、撕纸、粘贴、拓印等创作游戏；和孩子一起玩搭积木、穿鞋子等操作游戏，感受物体之间的大小、多少、长短等差异较明显的特征。如果家长对孩子的探究欲望不予理会，甚至出于安全或保护等原因强制干预，孩子就会变得消极，无法主动去探索、尝试新的事物，更无法建立自信心。

思考与应用

家长准备铲子、漏斗等工具，和孩子一起玩沙、玩水，引导孩子感知沙、水的特点，满足探索的兴趣。

第22课
不要敷衍孩子的"十万个为什么"

孩子生活在一个丰富多彩的世界中，大自然的花红柳绿、鸟语花香、飞云流水都会使他产生浓厚的兴趣。而孩子对世界的认识也是从对这些事物产生的"为什么"开始的，所以常常会问很多看似无聊的问题："为什么月亮会跟着我们走呀？""为什么云彩在天空中会一动一动的？""小乌龟为什么不会叫？"如何处理与对待孩子的"十万个为什么"，是家长育儿路上的一个重要问题。

案例

4岁的优优正在客厅里和爸爸玩积木，妈妈在厨房里边做饭边接电话，接完电话随口说了一句："优优的姨妈快要住院了！"还没等爸爸回应，优优连忙问："妈妈，姨妈怎么了？"妈妈说："姨妈快生小宝宝了，所以要到医院去了。"

"为什么生小宝宝要住医院呢？"

"因为生宝宝是一件非常危险的事，必须要医生的帮助才可以呢！"

"为什么生宝宝危险？"

"呃，这个等你长大了就知道了。"

"妈妈生我也危险吗？"

"当然了，妈妈在医院住了好几天才生下的你呢！"

"为什么不让爸爸生我，危险的事情不都是爸爸做吗？"

"因为爸爸没有子宫呀！"爸爸回答道。

"子宫？是干什么用的？"

"就是小宝宝在妈妈肚子里住的房子呀，只有妈妈才有子宫呢！"妈妈接着说道。

"啊……不要！"优优带着委屈想哭的表情看向妈妈。

"优优你这是怎么了？"

"我也是男的，我长大了就不能生小宝宝了。"

"哈哈，没有关系，等你长大了就会娶你喜欢的女孩子当媳妇的，就像爸爸这样！"

"耶，我媳妇会给我生宝宝耶！"

……

分析 ▶

案例中的优优从一开始的"姨妈怎么了？"进行了一连串刨根问底式的发问，虽然其问出的"为什么生宝宝危险？"这个问题并没有得到明确的答复，而是由家长一句简单的"等你长大了就知道了"一带而过，但这并没有影响优优对"生宝宝"这件事情继续好奇发问的兴趣。

一　孩子发问的不同原因 ▶

在孩子3—4岁的时候，由于抽象逻辑性不强，很少问"拐弯"的问题，而问题多是很直接的因果关系。正是因为孩子的思维活动并不是十分活跃，他们的"为什么"就有三种主要原因导致：一是为了吸引你的注意力，把这作为一种谈话手段，并希望家长和他们进行更多的谈话；二是受好奇心和兴趣爱好的驱使，是求知的一种标志；三是家长回答得不够通俗易懂，孩子不明白，所以会继续追问。由此可见，案例中孩子的发问真的是为了得到解释。3—4岁孩子爱提问，好奇心较强，是其自然天性的表现，他们对一切陌生的、新奇的事物，都有一种发现与探索的欲望。这也是孩子喜欢问"为什么"的原因之一，特别是问和他们生活密切相关的问题。

二　孩子发问时家长的不同回应 ▷

　　案例中家长的回应也可以分为两个层次：第一个就是较为敷衍的"这个你长大后就知道了"，还有一个就是后面应对优优刨根问底式提问的儿童化解释。在家长的第一个行为层次中所用到的"你长大后就知道了"，当孩子发问而家长不知道答案，或者不知如何用孩子可以理解的语言解释时，家长们经常会把避而不答、转移孩子注意力等方式当作万能挡箭牌。案例中妈妈无意间跟爸爸说起"优优姨妈要住院"的话题，引起了孩子极大的兴致。虽然孩子发问的第一个"为什么"并没有得到真正意义上的解释，但此时妈妈的回答也是对孩子的一种回应，从一定程度上来讲保护了孩子的好奇心。而接下来妈妈把子宫比喻成宝宝的小房子，并安抚因为不能生宝宝而感到伤心的孩子，这一系列的对话都是有价值的，不仅保护了孩子的好奇心，还告诉了孩子一定的科学道理。

建议

　　　　家长面对孩子一连串的"为什么"时，可以尝试下面的做法：

一 ▶ 科学识别与应对孩子的"为什么"

　　好奇心是个体遇到新奇事物或是处在新的外界条件下所产生的注意、操作、提问的心理倾向。它作为一种优势的心理过程，驱动个体主动接近当前刺激物，积极思考与探究。而孩子的"十万个为什么"则是探究方式中言语探究的最为显性的呈现。所以家长应正确认识到"十万个为什么"是由孩子的年龄特点决定的，如果你家的孩子经常性地因好奇心和兴趣爱好的驱使进行发问，恰恰说明了孩子的优势心理过程逐步增多，是一件令人高兴的事情。案例中，孩子本来在全神贯注地和爸爸玩积木，却被妈妈说的"姨妈要住院"成功吸引，并进行了求知性的发问。研究发现，有时候孩子的发问并不是想得到什么标准答案，而只是希望通过发问确定他的问题得到了别人的注意，自己的求知欲望能够得到鼓励与支持。

二 ▶ 科学对待与回应孩子的"为什么"

家长经常斥责孩子的提问，孩子以后可能就不敢再问，有疑问也会闷在心里，这样只会扼杀孩子学习的积极性，同时也会抑制孩子的思考与探索能力。

当家长面对自己也不知道如何回答的问题时，要实事求是地告诉孩子，不能不懂装懂或含糊其词，要答应查资料或请教其他人，等有了答案再给孩子解释。所以，对孩子提出的疑问，家长有能力给予解答，就尽可能采取孩子能听懂的语言进行说明；对于不能回答的问题，可以通过查阅资料、图书等方式加以解决，要勇于对孩子示弱："我也不太懂，咱们一起看看这本书吧！"让孩子体会到查阅书本资料获得成功的快感，不但解决了"为什么"的问题，还培养了孩子喜欢读书、乐于读书的良好习惯。

三 ▶ 帮助孩子建立"为什么"

3—4岁的孩子受语言发展的限制，有时提出的问题可能会出现词不达意的现象，所以在回应孩子"为什么"时应着重"为什么"的目的，轻"为什么"的言语，并且可以通过引导的方式，适当地帮助孩子建立正确的语句。比如孩子问："为什么都是雪？"家长可以帮助孩子梳理思路，提高语言的通顺性和完整性："你是想问为什么屋檐的侧面还有雪吗？"

四 ▶ 不能敷衍孩子的"为什么"

孩子的许多"为什么"，是非常简单直白的，对于成人就是1+1=2。可是，越是这样的问题，家长往往越没有细想，想回答好反而是很困难的。孩子得不到很好的解释，自然会问题越来越多。面对孩子的发问，家长的回答要直接又形象。因为孩子的思维模式以直观形象为主，复杂的因果关系较难理解。如孩子问什么时候有荷花，如果家长说你穿裙子或短裤的时候就有了。孩子不明白此时你说的裙子，实际上是指代的夏天，这会导致孩子可能真的在冬天也要立即换上裙子来问你要荷花。

思考与应用

1. 准备《十万个为什么》丛书

家长可以在家里备一套《十万个为什么》丛书，当孩子的提问家长也不能解答的时候，可以通过查阅图书来寻找答案，寻找答案的过程也是亲子阅读的过程。

2. 亲子时光

家长不论多忙，每天都要抽出固定的时间陪伴孩子，进行亲子阅读、亲子游戏等，也可陪孩子走进大自然，在丰富孩子知识储备的同时，让孩子感受到被关注的温暖。

陪伴孩子做他感兴趣的事

每一个优秀孩子的背后都离不开与他们朝夕相处的家长，而最好的教育就是陪伴。陪伴孩子做他感兴趣的事，见证孩子成长的瞬间，保护孩子的好奇心和兴趣，引导孩子做一个有爱心、有温度的人。在家长陪伴的过程中，孩子能感受到家长的关爱与包容，家长和孩子之间可以建立起良好的亲子关系。在内心满满的安全感下，孩子会树立做事的自信心和探究欲。反之，如果孩子缺少家长的陪伴，他将变得脾气暴躁、有攻击性、不愿与人交往，严重影响孩子的健康发展。

案例

贝贝爸爸经常不在家，所以，爸爸一回家，贝贝就拉着爸爸要他陪自己玩遥控车。可爸爸对贝贝说："今天爸爸有点累，让妈妈陪你玩吧！"说完便走向卧室。

贝贝则跟在爸爸身后，说："爸爸，那你今天好好休息，明天陪我去坐过山车吧。""乖儿子，让爷爷陪你去，爸爸明天还得给你挣钱去。"说完，贝贝爸爸对爷爷大声喊道："爸，明天你陪贝贝去吧！"贝贝低头小声嘟囔道："哼，爷爷老看打牌。"贝贝爸爸又说："那让奶奶陪你去！"贝贝生气地说："我不，就让爸爸妈妈陪我去！"爸爸顺手推了一把孩子说："那就找你妈妈去，爸爸累了！"

贝贝委屈地朝正在洗衣服的妈妈走去，满手泡沫的妈妈见贝贝跑来就大声喊道："老公，快把贝贝弄走，别让他捣乱，我洗衣服呢！"闻声而来的奶奶刚想抱起贝贝，只见贝贝伸手朝奶奶就是一巴掌，奶奶强行抱起贝贝说："走，奶奶和你看电视去，咱们还看'小猪佩奇'，昨天乔治和佩奇去哪了？"说着打开电视机，搂着贝贝看起了动画片，看着看着，贝贝慢慢地安静了下来……

分析 ▶

通过这个案例，我们不难发现，渴望家长陪伴的贝贝，在遭到一连串的碰壁后，最终以"武力"解决的方式得到一场暂时的、质量不高的陪伴。在这个家庭中，家长之间相互推诿，爸爸忙于应酬、妈妈忙于家务、爷爷忙于打牌、奶奶用看电视的方式陪伴孩子。久而久之，这样的家庭氛围，会让这个原本活泼可爱、善于表达的孩子，逐步变成不自信、性情暴躁甚至有些冷漠的人。而导致孩子情绪变化的原因是孩子内心感受不到家长的关爱，为了引起家人的重视和陪伴，他以各种不同的方式在祈求和抗议，最后情绪失控而动手打人来发泄心中的不满。可见家长高质量的陪伴对孩子是多么的重要，如果家长因为种种原因在关键期不能陪伴孩子，会对孩子造成哪些伤害呢？

一 缺少陪伴的孩子性格容易孤僻 ▶

缺乏父母陪伴的孩子都比较胆小、自卑、没有自信。这是因为他没有得到足够的关爱，如贝贝两次被爸爸拒绝，心理已经发生了巨大变化：从笑脸相迎牵爸爸的手到高兴地提出自己的诉求，再到低头轻声嘟囔表达不满。当他的请求得不到爸爸的支持时，只能委屈地跑向妈妈，得到的却是妈妈的不欢迎。这种情况最终导致贝贝情绪大变，怀疑爸爸妈妈是不是不喜欢他。渐渐地，他会变得不自信，不愿再和别人讲话。缺少陪伴的孩子会特别敏感，做事没有主见，严重缺少陪伴的孩子可能还会导致社交能力受限，造成语言沟通障碍，交往时容易受挫，最终导致性格孤僻甚至自闭。

二　缺少陪伴的孩子容易出现攻击性行为

孩子三四岁了，还时刻黏着妈妈，这说明孩子对外界是恐惧、排斥的，孩子容易产生发怒、暴躁等不良情绪，甚至会发生动手打人的情况。如贝贝屡次遭到父母的拒绝，情绪糟糕到了极点，最后用错误的行为求得家人的关注。其实，孩子的黏人恰恰说明他有了一种积极的情绪——对亲人的依恋。亲密地依恋使孩子既能得到生理上的满足，又能体验到愉快的情绪。因此，家长与孩子之间要保持经常的肌肤接触，如抱抱孩子，摸摸孩子的脸、背等，让孩子体会接触所带来的安慰感，从而稳定孩子的情绪，避免发生攻击性行为。

三　缺少陪伴的孩子容易出现发育迟缓等问题

缺少父母陪伴的孩子多数对电子类商品情有独钟，因为声光影的刺激会让孩子上瘾。本案例中的孩子就是在动画片的陪伴下安静下来的，殊不知，年龄越小的孩子观看动画片的危害越严重，久坐不起会导致身体发育迟缓，易出现肥胖症状；再者，长时间盯着电视看会造成视力减退，思考能力受限，习惯不假思索地接受信息，更严重的是失去对周围世界的好奇心和探索欲望。如果孩子放弃了思考和深究事物的习惯，智力的发展就会受影响。因此，家长的有效陪伴和关注是孩子一生幸福生活的基础。

建议

当孩子有心结时，希望能听到家长的建议。因此，家长一定要耐心地陪伴在孩子身边，帮助他解决成长中的小困惑。

一 ▶ 建立温馨的家庭氛围，满足"陪陪我"的需求

温馨的家庭氛围，各成员之间相处融洽、沟通顺畅、情绪稳定，家长对孩子的态度温和而坚定，这些都是给孩子最好的成长环境，在这样的家庭中，孩子的感受是安全的。家庭成员中爸爸对孩子的影响尤其大，特别对孩子的情商、性格发展至关重要。因为和妈妈相比，爸爸身上具备更为勇敢、自信、果断等个性特征。因此，爸爸与孩子相处的时候，更多的是游戏式陪伴，常会以幽默、大胆的方式鼓励孩子不断尝试、勇于探索、克服困难。缺乏父爱的孩子，往往不自信，遇事退缩没有担当。当然，享受不到母爱的孩子，也会"心理缺钙"，有可能会变得冷漠、偏激和刻薄。因此，每天抽一点时间，在固定的时间和地点做一些有趣的游戏，满足孩子"陪陪我"的需求，既可以增进亲子之间的情感，又可以帮助孩子建立自信、开朗的性格。

二 ▶ 进行积极的亲子互动，满足"兴趣点"的需求

家长要善于从生活点滴中捕捉孩子的兴趣点，与孩子进行有效互动，建立积极的亲子关系。跟孩子做朋友，在游戏、画画、阅读、讨论中，发现孩子的兴趣点，让孩子感受到你对他的关注和爱，对孩子感兴趣的话和问题进行积极地反馈，针对兴趣点进行深入探讨和拓展。比如孩子喜欢车，家长就可以带孩子到马路上去观察各种各样的车辆，认识不同的汽车标志，了解交通规则，对孩子拆装汽车的行为表示理解，对孩子的求助及时给予帮助。只有这样，家长的陪伴和引导才能顺畅和高效。

三▶ 完成固定时间任务，满足"关键期"的需求

家长要花时间和孩子在一起，及时发现教育契机，陪伴孩子做他感兴趣的事情，促进孩子健康快乐地发展。在孩子短暂的童年时光里，家长投入的陪伴越多，收获的产出也将是最大的，也是最有效的。例如郊游时陪孩子认识各种植物的叶子，辨别各种动物的叫声，感受四季的交替变化；和孩子一起玩玩具或共读一本书时，与孩子一起探索、发现、学习，感受和孩子在一起的快乐。

思考与应用

1. 固定时间做事情

每天晚饭后的20分钟时间里，家长和孩子一起进行亲子共读或讨论孩子感兴趣的事情，并进行适当的亲子记录和总结。

2. 固定事情坚持做

鼓励孩子每天做一件自己感兴趣的事情，家长要参与其中。如下午离园后到广场放风筝或到市场去买菜，由孩子决定晚餐的食物等。只要是孩子感兴趣的事情，就让孩子自由探索，自己做主。

孩子不愿分享玩具怎么办

3—4岁的孩子正处于自我意识最强烈的时期，以自我为中心，具有强烈的独占意识，认为喜欢的、想要的就是自己的。自己的玩具、食物等也不愿与同伴分享。在和同伴玩的过程中，容易发生争夺的现象。家长要了解这一阶段孩子的生理和心理发展特点，因势利导，引导孩子与别人分享，学习与人交往，感受分享的快乐。

案例

烁烁是个3岁的小男孩。他每天都到楼下找小朋友玩耍，每次总会带着自己的玩具给小朋友们看，尤其是新买来的玩具。

一次，烁烁拿着新买的小鱼音乐泡泡器来到花园。打开按钮，泡泡器会响起欢快的音乐并吹出很多泡泡。这时，几个年龄相仿的孩子围过来，不约而同地玩起了追泡泡的游戏。过了一会儿，一个年龄稍小一点的宝宝伸手去拿泡泡器。烁烁看到后，拿起泡泡器就跑，宝宝就在后面追……烁烁妈妈看到后，指着花池边的扭扭车，大声说："咦？这里有辆小飞象的扭扭车！"奔跑中的烁烁听见了妈妈的声音，好奇地跑过来说："妈妈，我想玩这个。"妈妈说："哦，这是别人的扭扭车。如果你想玩就要经过主人的同意啊！"于是，在烁烁的要求下，母子两人一起去找扭扭车的主人，经过询问同意后，烁烁开心地玩到了扭扭车。而追泡泡器的小朋友还在烁烁身边盯着泡泡器。妈妈问烁烁："你玩别人的扭扭车，那宝宝可以玩你的泡泡器吗？"烁烁点点头，把泡泡器给了宝宝，自己高兴地去玩扭扭车了。

分析 ▶

案例中3岁的烁烁，喜欢将自己的玩具带到小花园去玩，并愿意将自己的玩具展示给其他孩子看，这说明他已经具有了初步的分享意识。可烁烁看到宝宝想要玩自己喜欢的泡泡器时，却用迅速离开的方式来回应。他不愿把泡泡器分享给其他小朋友玩，自己的新玩具和特别喜欢的玩具，不舍得给小伙伴玩，这种行为对于这个年龄段的孩子来说，属于正常现象。因为他们正处于自我意识最强烈的时期，对自己的物品有着很强烈的占有意识。

儿童最初是通过占有属于自己的东西来区分自己和他人，建立起自己与他人的界限的。案例中的烁烁妈妈能够理解孩子的年龄特点，没有过多地干预孩子们的交往，也没有简单粗暴地要求孩子把玩具给小伙伴玩，而是捕捉教育契机，选择了对孩子有吸引力的扭扭车。妈妈利用孩子"想玩扭扭车需要征求主人的同意"这一契机，引导孩子明白需通过自己同别人的沟通来获得扭扭车的使用权，以及引导孩子自愿把泡泡器给宝宝玩，既尊重、保护了孩子和他人的界限，又让孩子从别人身上学会了分享和尊重，并感受到了分享带来的快乐。

建议

家长要支持孩子对自己的物品拥有热情与执念，鼓励但不勉强孩子去分享，引导孩子顺利地度过这一物权意识的敏感期。那么，家长该如何帮助孩子主动学会分享自己的玩具呢？

一 ▶ 利用故事，学习分享

分享对于3—4岁的孩子来说不容易。很多孩子习惯了独享，甚至有的还变成了"小霸王"，这让很多家长苦恼不已。不过，家长可以利用孩子喜欢听故事、看图书的特点，有目的地选择一些帮助孩子学会分享的故事和图书，让孩子在亲子共读中学会分享，体味友爱。孩子可以从故事中感受到分享和关爱带来的浓浓的爱意。家长还可以在引导孩子倾听故事、观看图画的基础上，尝试让孩子看图讲述、复述、表演故事，让孩子们从故事中感受到分享和友爱，使分享意识内化于孩子幼小的心灵。

二 ▶ 利用游戏，感知分享

游戏是孩子喜闻乐见的活动，家长应陪伴孩子多玩一些需要分享合作才能完成的游戏。如"穿大鞋"游戏，孩子平常总喜欢穿爸爸妈妈的鞋玩"开大船"的游戏，当孩子玩得正开心的时候，家长可及时引导孩子，爸爸妈妈的东西和你分享，你愿意给爸爸妈妈分享你的东西吗？拿你最喜欢的玩具让我们玩一会儿，好吗？让孩子在游戏中感受分享是相互的。

三 ▶ 利用榜样，激励分享

培养孩子的分享意识，家长的榜样作用是非常重要的。例如，妈妈可以当着孩子的面主动把自己喜爱的物品送给妈妈的朋友，让孩子知道自己喜欢的东西可以分享出去。家长以身作则，生活中多分享东西给孩子和朋友，让孩子直观地看到、真切地感受到分享的快乐，从而潜移默化地引导孩子。

四 ▶ **创造机会，主动分享**

　　分享是将自己的东西与别人共享，首先是付出与给予。如果是性格过于倔强的孩子，家长一定要适时、适当地引导，不能强制孩子进行分享，可以等孩子情绪平稳后，给孩子讲分享的故事或让孩子观看关于分享的动画节目，并有意创造主动分享的机会，培养孩子分享的行为。比如，家长带孩子外出买水果、点心时，可提醒孩子哪些水果是买来送给爷爷奶奶吃的，哪些点心是爸爸妈妈喜欢吃的。引导孩子关心家人，观察购买的食物是否分配合理，让孩子通过家庭分配为真正的分享做铺垫。孩子经常进行这样的训练，就会逐渐地形成分享的习惯。

思考与应用

　　家长和孩子一起阅读一本关于分享的绘本，让孩子通过祥和、温馨的故事氛围，以及富有童趣的故事内容，感受分享的乐趣。

第25课　孩子说谎怎么办

对于3—4岁的孩子来说，他们还不能将想象和现实分开，因此也不能分辨出自己是在说谎还是在陈述事实，这是无意说谎。有些孩子可能想获得成人的奖励，得到大家的关注，或者是逃避责任而说谎，这是有意说谎。那么，孩子为什么会说谎？面对孩子的说谎，家长应如何应对呢？

案例

佳佳，3岁5个月大，说话完整清楚。一天，在游乐场，几个小女孩在做游戏，贝贝抱着从家里带来的会说话的玩具娃娃，一边喂饭，一边与娃娃说着话。旁边有几个小朋友带着羡慕的表情参与进来，有的给娃娃拿奶，有的给娃娃端水果，玩得很是开心。佳佳看见了，大声地对他们说道："我妈妈也给我买了娃娃，比这个还大，明天我就带来！"孩子们都高兴地说："好啊，好啊！明天就有两个娃娃了！"

第二天，贝贝问佳佳："你带的娃娃呢？我们怎么没看见？"佳佳赶忙说："我忘了，明天就带来！"贝贝说："你没有吧？是不是骗人啊？"佳佳委屈地哭道："我有，我家就是有大娃娃！"

面对佳佳说谎的行为，妈妈很是担心。因为最近佳佳早上不想去幼儿园，就说小朋友打她；在家玩时不小心碰碎了花瓶，就说是哥哥摔坏的，哥哥不高兴地质问佳佳，告诉佳佳撒谎不是好孩子，佳佳却振振有词地说："刚刚爸爸在家跟叔叔打电话时还说他不在家呢！"妈妈担心佳佳说谎的事情太多，以后会不会成为一个爱撒谎的孩子？

分析 ▶

对于佳佳妈妈的困惑，相信很多家长都遇到过。发现孩子说谎，家长都很难过，而且还担心孩子会变成一个爱撒谎的人。德国教育家施鲁克教授说过，孩子第一次有意义地说假话是他成长过程中的一个重大进步，孩子说谎标志着他有了想象力、开创性的行为，并与周围环境打交道。那么我们该如何看待孩子的说谎行为呢？

一 因想象与现实相混淆而说谎 ▶

3—4岁的孩子容易将想象和现实相混淆，他们有时分不清哪些是真实的，哪些是想象的，容易把自己头脑中想象的东西当成真实的事情来讲。其实，这是一种无意识、无目的、无计划的无意说谎。案例中的佳佳因为太喜欢贝贝的娃娃，内心非常渴望自己也有一个这样的娃娃，就很自然地把自己的想象当成了现实，这并不是真正意义上的说谎。佳佳妈妈可根据孩子的表现，做出正确判断，适时满足孩子自己内心的渴望。有时，孩子还会因为记忆短暂，导致很多经历过的事情模糊不清，从而发生张冠李戴的现象，这是因遗忘而说错，也不是真正意义上的说谎。面对孩子的无意说谎，家长不必太担心，也不要刻意去批评孩子，随着他们年龄的增长，认知水平的提高，生活经验的积累，自然会分清现实和想象，无意说谎现象就会越来越少。

二 因逃避惩罚而说谎 ▶

当孩子做错事情后，由于害怕承担责任，担心受到家长或老师的批评责骂，因此也会说谎。这种说谎是有目的、有计划，为了掩盖事实而编造谎言，是有意说谎。案例中的佳佳自己不小心把花瓶打碎了，担心家长骂他，所以就硬说是哥哥打碎的，这是典型的为了逃避惩罚而有意说谎。佳佳不想去幼儿园时，就骗家长说幼儿园小朋友打他，这也是为了逃避自己不愿做的事而有意说谎。有时，孩子也会为了得到别人的表扬和赞许而说谎。与无意说谎相比，孩子的有意说谎要引起家长的重视，如果听之任之，不及时引导，将会影响孩子以后的发展。

三 因模仿家长而说谎 ▶

家长是孩子的第一任老师，家长的言行举止不可避免地对孩子产生影响。如果家长有经常说谎的现象，孩子就会潜移默化地受到影响，错误地认为说谎是正常现象。正如案例中的佳佳爸爸，明明自己在家，却在电话中跟别人说自己不在家，不管是什么原因，在孩子面前撒谎会给孩子树立消极榜样，容易误导孩子。孩子喜欢模仿家长，如果家长谎话连篇，孩子在无形中就会形成说谎的不良行为习惯。

建议

> 早期的无意说谎不会成为孩子未来发展的障碍，但孩子的有意说谎就需要引起家长的重视，采取适宜的措施加以引导。

一 ▶ 放宽心态，平常对待

孩子说谎是其心理发展的一种表现，说明孩子已能站在他人的角度思考问题。著名作家周国平曾说，被自己的孩子视为朋友，是作为父母最大的成功。所以家长在对孩子的说谎行为进行矫正时，一定要调整自己的心态，不要因为孩子说谎而焦虑，更不能一发现孩子说谎就如临大敌，甚至打骂孩子。家长要真正静下心来，给孩子表达倾诉的机会，耐心倾听孩子的心里话，才能了解孩子说谎的真实原因，根据情况具体分析，采取适宜的对策。孩子的可塑性很强，只要家长正确引领，孩子的说谎行为很快就能得到改正。

二 ▶ 分析原因，减少压力

孩子说谎是有原因的。3—4岁的孩子正处于无意识说谎和有意识说谎之间，有时分不清想象和现实。如果孩子说谎是为了逃避责任，害怕家长的惩罚和打骂，家长就应该反思自己的行为：是否自己在面对孩子的说谎行为时，过激的反应让孩子产生了巨大的压力，产生畏惧心理，导致孩子只能用一个个谎言来掩盖错误和保护自己？如果是，家长就应调整自己的情绪，约束自己的行为，心平气和地与孩子交流，告诉孩子"我知道你是不小心的，以后注意就好了"。在安全宽松的氛围中，孩子自然没必要用说谎来掩饰了。以此为契机，家长可以与孩子一起讨论有什么好办法可以避免打碎花瓶，鼓励孩子用多种方式解决问题，发展孩子的思维能力。

如果孩子说谎是为了达到自己的某种需求，家长应该正面引导孩子，让他们明白要靠自己的本领去争取，还有在日常生活中，家长也要满足孩子适当的要求。如果孩子是为了引起别人的关注而说谎，家长要给予谅解，多一些肯定和鼓励。总之，家长面对孩子的说谎行为要具体事情具体分析，寻找孩子说谎的真正原因，调整自己的态度和言行，让孩子减少压力，孩子的说谎现象自然减少。

三 ▶ 言传身教，以身作则

教育的极致是行为的影响。孩子天生爱模仿，家长的言行就是他们学习的典范。因此，在日常生活中，家长应严格要求自己，以身作则，言传身教，给孩子做诚实守信的好榜样。例如承诺了就一定要兑现，如果兑现不了也要向孩子说明原因，给予孩子充分的尊重。成人犯错后，也要当着孩子的面说出自己的错误，并用诚恳的态度认错，为孩子树立起知错就改的良好榜样。同时，对孩子诚实守信的良好行为也要积极肯定。家长给予孩子最有意义的礼物之一就是承认自己的错误。

四 ▶ 加强沟通，家园合作

家庭成员间的教育要求要一致。有研究结果表明：只有老师和家庭成员在对孩子行为矫正的过程中有共同的原则和方向，即使采取的具体方法不同，也会产生相同的效果，使孩子的说谎行为尽快得到矫正。孩子难免会说谎、会犯错，妈妈爸爸严禁做的事情，爷爷奶奶就不要为孩子"开绿灯"打掩护，才利于孩子形成良好的规范意识。同时，家长还要及时与幼儿园老师取得联系，进行真诚地沟通交流，了解孩子全面而真实的想法和表现，有的放矢地调整教育策略。只要家园协调一致，并且达成教育共识，及时了解孩子内心的想法，孩子自然会减少说谎的概率。

总之，家长要正确区别孩子的说谎类型，了解其背后的原因，允许孩子犯错误，学会和孩子讲道理，引导孩子做错了事情要勇于承认，并积极承担责任，从小培养孩子诚实守信的良好品质。

思考与应用

　　家长和孩子面对面坐好，手拉手，眼睛看着对方，分别进行"说说心里话"活动，可以先让孩子说，也可父母先做个示范，两人协商或猜拳决定。分别说说自己办的错事或说过的谎话，对方根据实际情况表示理解并给予相应的关心。

第26课 家有"破坏大王"怎么办

孩子的好奇心是与生俱来的，他们渴望获得各种关于周围世界的知识，而且还自发地进行各种探索活动。对于感兴趣的事物，孩子会专注地看、听、尝、闻、摸，有时还会别出心裁地"搞破坏"。这些都是孩子主动探索、主动求知的表现。家长要正确认识孩子"搞破坏"的行为，呵护孩子的好奇心，激发孩子的探索欲。

案例

妈妈给壮壮买了一个新玩具——电动小汽车，壮壮高兴得又蹦又跳，迫不及待地摆弄起来。电动小汽车既会跑又会唱歌，撞到障碍物竟然还会说话。壮壮直接趴在地上，津津有味地和小汽车玩起了游戏。

妈妈做好了晚饭，喊壮壮吃饭，半天也不见人。妈妈走过去一看，壮壮正在用力往地上摔着"又唱又说的小汽车"，小汽车的几个小零件已经散落在地上。妈妈上前夺下玩具，生气地训斥说："你这孩子怎么回事啊？刚买的新玩具就被你弄坏了，以后再也不给你买了！"壮壮立刻大哭起来。奶奶闻声过来，一边哄劝壮壮："乖宝宝不哭，咱不和妈妈玩，奶奶带你去画画。"一边责备壮壮妈妈："马上就吃饭了，你惹他干什么呀！"可是，平时最喜欢画画的壮壮竟然用彩笔把画纸一道一道划破、揉烂，就连桌子上、衣服袖子上也是彩笔的划痕……

==== **分析** ▶

案例中的壮壮之所以会出现拆玩具的行为，是因为电动小汽车会唱歌、会说话的特点激发了他的探索兴趣，尝试用自己的方式"拆""摔"来探索小汽车的奥秘，是无意识的破坏行为。家长应该保护他的探索行为并正确地给予引导。而案例中，壮壮妈妈没有意识到孩子的这些行为是在探索，而直接制止与训斥，这种处理方式只会挫伤孩子的好奇心和探索欲望。

壮壮在遭到妈妈训斥后，出现乱涂乱画，甚至将画纸划破、揉烂的行为，是因为妈妈剥夺了他探索玩具的权利。壮壮的真实想法不能清楚地表达和解释，觉得自己很委屈，所以通过"搞破坏"来发泄自己的不满情绪。

孩子之所以表现出"破坏"行为，主要原因有以下四个方面。

一 好奇心引发的探索行为 ▶--------------------

孩子常常会对他眼中的"新奇事物"产生好奇，开始尝试着用自己的方式去探索奥秘、积累认知经验。所以，多数情况下孩子拆坏玩具、遥控器、闹钟等物品是具有强烈好奇心的表现，想通过自己的方式了解它的内部构造或功能，这些都是孩子自主学习、认识世界的一种探索性行为，需要家长的保护和引导。

二 为了吸引他人的注意 ▶--------------------

3—4岁的孩子处于自我意识的萌芽阶段，渴望得到他人的关注与认可。孩子希望得到他人的关注，这是正常的心理需求。而生活中缺少家长关注的孩子，会故意发出一些怪声音、怪行为，或者破坏物品，或者制造一些小麻烦，从而吸引家长的注意。当家里来了客人，孩子被家长忽视的时候，会表现得很突出。

三 发泄负面情绪的方式 ▶--------------------

这个年龄的孩子情感逐渐丰富，很多时候会用行动表现出负面情绪。

孩子在被别人误会、训斥，或者自己在探索过程中无法达到目的而受挫时，就会产生委屈、愤怒等负面的情绪。孩子这种对情绪发泄的需求，是正常的心理需求，家长要关注并给孩子提供情绪发泄的渠道。

四　嫉妒情绪导致的破坏行为 ▶

3—4岁的孩子大都以自我为中心，像是"我的，我的"这样的话会经常挂在嘴边，看到别人的玩具或物品自己特别喜欢，就想占为己有，甚至看到小伙伴用积木搭了一个特别的造型，可自己还没有完成，就会趁人不备伸手一把将积木推到，这就是典型的由嫉妒情绪导致的"破坏"行为。

建议

> 面对孩子的"搞破坏"行为，家长要建立正确的认识，并采用有针对性的方法加以疏导，保护好孩子的好奇心和探索欲望。

一 ▶ 把握"搞破坏"契机，恰当引导

家长面对孩子的"破坏"行为，要调整好自己的情绪，多包容和理解孩子的行为，主动、耐心地引导和帮助孩子认识自己的行为，根据不同情况有针对性地采取有效措施。切忌主观臆断地对孩子批评教育，这样对孩子是不公平的，而且会错失很多教育契机。

孩子因对某件物品产生好奇而"搞破坏"，是鼓励孩子探索求知的契机，家长要建立正确的认识，保护孩子的主动性，鼓励并参与到孩子的探索行动中，引导孩子更高效的探索。

孩子因寻求关注而产生"搞破坏"行为，是与孩子建立亲密

依恋的契机，家长要多关注、陪伴孩子，及时地满足孩子的心理需求。

孩子因发泄负面情绪而产生"搞破坏"行为，是孩子情绪发泄的一种方式。这是引导孩子正确地表达情绪的契机。家长不要以暴制暴地压制，要允许孩子发泄情绪，并在孩子的情绪平复后，引导孩子学着用正确方式表达自己的情绪。

二▶ 满足孩子的探索活动

由好奇心引起的探究行为，家长要支持和保护，可以为孩子精心准备一些能够拆卸、组装的操作类玩具，同时引导孩子爱护物品，在探究之前征求家长的意见，不要随意摆弄危险物品，如带电的、尖锐的物品等，以免造成安全事故。也可以根据孩子的兴趣进一步提供一些"破坏"行为后的学习机会。

三▶ 给予正面引导

面对孩子因负面情绪或嫉妒情绪产生的"破坏"行为时，家长首先要稳定自己的情绪，静下心来与孩子沟通，疏导孩子的情绪。因为这可能是孩子平时缺乏关注，或者内心缺乏安全感。家长平时要注意和孩子说话的方式，充分让孩子体会到家长的关心与爱护；事发后不要一味指责，告诉孩子你相信他不是故意的，一定是有原因的，让孩子感受到你的理解和包容，但是同时告诉他这样做的危害。

四▶ 转移注意力

给孩子一个发泄和自我消化的机会。当孩子情绪激动的时候，由于冲动和自控能力差，容易出现乱扔、乱摔东西等不良行为，家长纵然说再多都于事无补，在不影响安全与基本健康的前提下，倒不如转移孩子注意力或者直接采用冷处理的办法，等到孩子把情绪发泄出来再好好引导，告诉他破坏东西是不好的行为，应尽量避免和改正，对于自己所造成的后果，引导孩子自己动手整理和修复，并要保护好自己的劳动成果，效果会更好。教给孩子如何更好地表达和发泄自己的负面情绪，如大声说出来、用玩具发泄情绪等。

五 ▶ 进行专项训练

现在研究已经证明，感觉统合失调的孩子容易出现多动、注意力不集中、脾气暴躁、破坏性行为。面对个别确实有破坏性倾向的孩子，家长可以通过专门的感觉统合训练纠正这些不良行为。对于孩子的点滴进步家长也一定要重视，有效运用表扬和激励巩固孩子的行为。

思考与应用

家长和孩子一起把家里的废旧物品收集起来，并进行创意手工制作。通过亲子合作将废旧物品大变身，既能将废旧物品再利用，又能激发孩子动手操作的兴趣，让孩子更乐于探索。

第27课 面对孩子的执拗怎么办

3岁左右的孩子自我意识不断加强，自我意识与他人意识也逐步分化，他们对父母的建议和指令开始会不听从或反抗，这就是儿童的"执拗敏感期"。执拗敏感期是儿童发育的"必经阶段"，如果在这个阶段父母能够理解、保护和尊重孩子对秩序的要求，尽量给他一个有秩序的环境，那么孩子会顺利地度过这个敏感期。

案例

一个大约4岁的外国小男孩拿着一个洋葱问妈妈：

"妈妈，我可以吃这个苹果吗？"

妈妈回答："不行，那是洋葱。"

小男孩倔强地说："是苹果。"

"不，是洋葱"妈妈继续纠正。

"不，是苹果。"

"既然你那么坚决，那你就吃吧。"

小男孩开始吃他自己认为的苹果，吃第一口有些辣，一边嚼，一边挤眼睛；吃第二口，眼泪开始往下流，可是他依然在吃……

分析

处于执拗敏感期的孩子最明显的特点就是一不如愿，孩子就会大哭大闹。从孩子秩序敏感期的发展分顺序来看，我们能够发现，孩子开始因为秩序被破坏而哭闹，秩序只要恢复，孩子就会安静下来。后来，儿童的自

131

我意识开始萌发，他们会为了维护秩序而说"不"。后期他们开始为了维护秩序而执拗。例如，必须要妈妈打开车门，而不是爸爸；案例中把洋葱当苹果的男孩也是处在执拗敏感期之中。

0—6岁的儿童是以自我为中心的，随着自我意识的发展，他会发现自己和世界并不是一体的。生活范围逐步扩大，探索能力也会不断提升。当他发现自己所能控制的事情越来越多时，会体验到自我强大的力量。而对于秩序的要求也是天生的，他们喜欢遵守规则，喜欢按一定的规则和习惯来整理环境，把环境秩序化。因为秩序会让孩子有安全感，如果秩序被破坏，会给他带来极大的混乱和不适。因此，一旦孩子内心建立的秩序遭到破坏、拒绝和或挑战，就会产生强烈的不安全感，从而哭闹、反抗，这就是孩子的执拗行为。

建议

孩子执拗阶段是家长最为苦恼的时期。那么，我们该如何应对处于执拗敏感期的孩子呢？

一 ▶ 理解，对于孩子的执拗不要一味压制

案例中我们可以看到妈妈的教育智慧。小男孩的妈妈明知洋葱是辣的，孩子吃了可能会有些难受，但仍说"既然你那么坚持，就吃吧"。这位妈妈可能知道，如果现在不允许他吃，孩子也会趁妈妈不注意，去尝尝这个"苹果"的味道。这体现出一个关键点：这位妈妈是理解孩子的，她知道孩子要不断地探索世界，任何未知的事物都是他探索的对象。孩子只有体验过了，知道了洋葱的味道和吃生洋葱的感受之后，才会明确这个不是苹果，同时知道了洋葱的味道，训练了孩子的味觉。所以，妈妈选择了让孩子吃，顺应孩子的意愿，让孩子自己体验苹果与洋葱的差别。

二 ▶ 变通，对于孩子的执拗要巧妙引导

有些事情允许孩子自己做主，如孩子非要穿裙子而不想穿裤子；要喝妈妈端过来的水，坚决不喝爸爸端过来的。类似于这样的事情，都没有必要和孩子较劲。再如一位妈妈面对坚决不愿意洗澡的孩子是这么做的：她给儿子一个小鸭子玩具，然后对儿子说，不洗澡也没关系，帮助小鸭子洗澡吧！孩子给小鸭子洗澡的过程中也开心地玩起水。玩着玩着，就和小鸭子一起洗起了澡。

从中看出，当妈妈顺从孩子的意思，并给他一个玩具小鸭子时，孩子就没有抵触情绪了，而他的注意力也会被吸引到给小鸭子洗澡上来了。这时，他就不会那么固执了，孩子会主动洗起澡来。因此，只要危及不到安全我们都可以让孩子尝试。

三 ▶ 接纳，孩子犯错是成长的必经之路

美国著名教育心理学家桑代克提出了学习的"试误说"。他认为学习的过程是一种渐进的尝试错误的过程。在这个过程中，无关的错误的反应逐渐减少，而正确的反应最终形成。

从这里我们得到的启示是什么？孩子的学习成长是需要犯错

的，在犯错的基础上反复练习，才能得出正确的结论。而且，这种学习过程最好是由孩子自己来完成，而不是由家长指导完成，不是自己体验摸索完成的事情，如何能够印象深刻呢？

而有些家长恰恰害怕的是孩子犯错，希望指导一次之后，孩子再也不会出错，这恰恰违反了学习成长的规律。孩子会因为害怕出错而谨小慎微，不想探索和学习。

四▶ 帮助，对于孩子执拗带来的后果给予帮助

对于孩子执拗所带来的后果家长应该正面对待，切不可嘲笑或讽刺，应该给予帮助。如豆豆非常执拗地要自己穿鞋子，经过一次次的尝试，却怎样也穿不上，急地哭了起来。这时，妈妈抱起来说："宝贝，别着急，妈妈帮帮你。"

五▶ 允许，允许孩子秩序被破坏后的情绪发泄

当孩子秩序被破而坏哭闹时，我们要协助恢复秩序，当有些秩序实在无法恢复时，我们也要允许他用哭闹的方式发泄情绪。

思考与应用

请家长与孩子玩一玩"你做我学"的游戏，鼓励孩子即兴做出不同动作，家长进行模仿。如孩子做手脚着地的动作，家长进行跟学。日常中，家长也可以关注孩子的正确行为，并进行模仿，让孩子感受到家长喜欢他的良好行为。

第28课 不要让孩子变成"小霸王"

在多个家长围绕一个孩子转的现代家庭中，家长一般都会无条件地满足孩子提出的各种要求，孩子成了家庭中的"小皇帝""小公主"，不但占有欲强，还要事事都符合自己的意愿，一不称心就哭闹、抢夺甚至打人，通常让家长感到十分头疼。如何改变孩子的这种"小霸王"式的行为呢？

案例

3岁半的希希在家里俨然就是一个"小皇帝"，他要做什么，全家人马上会帮他做；他想要什么东西，马上就送到跟前。

这天，希希在楼下看到四岁的乐乐推着小车，跑过去一把抢过来说："我骑骑。"乐乐刚要往回夺，乐乐妈妈说："乐乐，让弟弟骑一会吧，你先去玩滑梯。"希希妈妈赶紧笑着说："乐乐真是乖孩子，有当哥哥的样，知道让着弟弟。"乐乐小嘴嘟囔着，不情愿地坐到一旁的连椅上，眼睛一直盯着转圈骑车的希希。两圈后见希希还没有停的意思，乐乐跑过去抓住车把，说："好了，我要骑了！"希希回答："不，我还要骑。"乐乐喊道："不行，这是我的车子。""我就要骑，我就要骑！"希希边说，边猛然把乐乐推倒在地，乐乐"哇"地哭了起来。

"希希，可不能这样啊！"希希妈妈从小车上把希希抱下来。

希希向妈妈哭叫着："就不就不，是他不让我骑的。"

见状，乐乐妈妈说："没事没事，我们先回家了。"

分析 ▶

案例中的希希做事只考虑自己的意愿，不管是对是错，都要满足自己的需要，否则就以哭闹或攻击性行为来解决，这是比较典型的幼儿"小霸王"行为。孩子成为"小霸王"的原因有哪些呢？

一 不正确的家庭教养方式导致孩子成为"小霸王" ▶

不同的教养方式对孩子的成长有着潜移默化的影响，下面两种教养方式易导致孩子的小霸王行为：第一，一切以孩子为中心。家庭中的所有成人事事都围着孩子转，给予孩子过度的关注、照顾和保护，甚至包办代替。案例中的希希就生活在这样的环境中，自己想要什么家长就给什么，家长的溺爱逐步让希希成为家庭中"唯我独尊"的"小皇帝"。孩子习惯了凡事以自我为中心，养成了任性、霸道的性格，只要是自己喜欢的，都想占为己有。第二，家长教育方式粗暴，没有耐心，遇事经常靠打骂解决问题。孩子在潜移默化中学会了这种不正确的解决问题的方式，并直接运用到自己与他人的交往中，逐渐成为集体中的"小霸王"。

二 心理及年龄特点易使孩子产生"小霸王"行为 ▶

幼儿期孩子的自我意识逐渐发展，常常会以自我为中心；他们对外界事物充满好奇和探究的愿望；渴望与同伴玩耍、交往。但规则意识还没有完全建立，缺乏与同伴交往的方法和技巧，对于自己喜欢的物品，不懂得采用协商、轮流等正确的方式获取，多以抢夺、推打等方式解决问题，表现出"小霸王"式的攻击性行为。希希就是这样，在想骑乐乐的小车时，不会用"交换玩具"或"主动要求分享"等方法来征得乐乐同意，所以当乐乐阻止希希时，希希采用了推、打等粗暴的攻击性行为。

建议

一 ▶ 给予孩子适宜适度的爱

爱孩子是父母的天性，但在爱的过程中要有尺度，避免把孩子当成"小皇帝""小公主"，处处给予特殊待遇和照顾，致使孩子自私、任性和缺乏自制力。对于孩子不合理的要求，家长要学会拒绝。如果孩子用哭闹等方式来对抗，家长也一定要坚持原则，避免孩子一哭闹就迁就妥协。当然，也不要用打骂等粗暴方式或一味对立的态度去责备，要做到爱而不溺、严而不厉。

二 ▶ 帮助孩子建立基本规则意识

三四岁的孩子，意志力和自我控制能力逐渐增强，能够理解并学习遵守简单的规则。家长要结合生活实例，引导孩子知道可以做什么，不可以做什么，建立初步的规则意识。如案例中希希在抢小车时，希希妈妈应让孩子知道这是别人的东西，玩之前要征得同意。如果别人不同意，就不能随便动，更不可以攻击别人。家长在生活中要有意识地训练孩子的自我约束和自我控制能力，提前与孩子讲好规则。如果孩子没有遵守约定，提醒两次仍不改正，可以采取措施，甚至给点适当的小惩罚。

三 ▶ 引导孩子管理自我情绪

孩子哭闹或发脾气时，家长可表明态度，让孩子知道，虽然家长知道他的需求或理解他为什么哭闹发脾气，但还是要坚持原则。家长可以用孩子感兴趣的其他事物转移孩子注意力。如果孩子在公共环境中持续哭闹，家长要及时带领孩子离开，不要过多地劝说和讲道理，耐心等待孩子情绪平复后，再与孩子交谈、讨论，孩子更容易接受，这样可以帮助孩子逐渐学习管理自我情绪。

四 ▶ 多为孩子创设交往机会

培养孩子的亲社会行为，多带孩子出去做客，或请其他小朋友来家里做客，多参加一些集体活动，抓住日常生活中的教育契机，如孩子第一次出现抢东西等"小霸王"行为时，家长首先要及时制止，并了解孩子行为背后的真实原因，通过教给孩子一些必要的交往方法，提高孩子解决问题的能力，培养礼貌协商、友好合作、快乐分享等行为，将一些"小霸王"行为消灭在萌芽状态。

五 ▶ 引领孩子学会换位思考

孩子三四岁时，开始能理解别人的感受并同情弱者。家长可以和孩子通过共读故事或绘本，在故事情境中分辨是非，从中感受和理解他人的心情；还可以和孩子一起做游戏，如家长和孩子互换角色表演，家长表演霸道的孩子，突然抢走孩子的东西，引导孩子切身体验霸道行为给别人带来的感受，能够让孩子从主观上愿意纠正自己的不良行为。

思考与应用

　　请家长和孩子共读绘本《再见，小霸王》，并进行适宜的故事表演，让孩子在阅读和游戏中学会解决与同伴交往中的常见问题，学会友好相处；还可以鼓励孩子带玩具到幼儿园或公共场合，与其他小朋友一起分享"自己玩、两人一起玩、交换玩"等，培养孩子良好的交往能力。

第29课
帮孩子养成独立入睡习惯

独立入睡是每个孩子成长的必经之路。帮助孩子养成独立入睡的良好习惯，对于孩子建立安全感、发展独立人格有着积极重要的作用。孩子能否不用陪伴，自己入睡呢？这不仅取决于孩子，更取决于家长，特别在最初阶段，孩子需要适应，更需要家长理智地坚持和鼓励。

案例

多多3岁半了，无论做什么都要爸爸或妈妈陪在一旁，睡觉也是如此，每次都要妈妈在旁搂着才能安心入睡。

上幼儿园后，多多逐渐适应了幼儿园生活，没有爸爸妈妈的陪伴，也慢慢开始和小朋友一起游戏和玩耍。但一到中午午睡时，多多还是会哭闹着找妈妈。经过一段时间老师的陪伴，多多午睡时不再哭闹，但入睡时必须由老师搂着或一直陪在床边攥着手，不然就睡不着。经过相互沟通，妈妈了解到班上许多孩子都可以独立入睡，觉得也应该培养多多独立入睡的习惯。于是，爸爸妈妈周六一大早就开始布置卧室，放置了多多非常喜欢的布娃娃和卡通睡枕，营造温馨的睡眠环境。

吃过午饭，妈妈陪着多多在床上讲完故事，对多多说："现在妈妈去刷碗，收拾厨房卫生，多多搂着娃娃和佩奇先睡着，好不好？"多多不太情愿地点点头。妈妈亲了亲多多，轻轻离开卧室去了厨房，没一会儿，就听到多多喊："妈妈，过来搂着多多。""妈妈收拾好了很快就过去，多多乖，先自己睡着。""不嘛，妈妈先过来。"多多说着，从床上爬起来，跑到厨房搂着妈妈不松手，没办法，妈妈只好先搂着多多午睡了。

接下来几天，任凭爸爸妈妈怎么哄，多多都不肯自己入睡，哭闹着一定要由妈妈搂着睡才行。爸爸妈妈不忍心多多一直哭闹，就放弃了让她独立入睡的想法。

分析 ▶

多多为什么这么抵触独立入睡呢？根据案例中的描述，可能存在以下原因：

一　家长溺爱，孩子独立性较差 ▶

3岁左右的孩子由于心理发育不成熟，对家长的依恋感强，喜欢黏着家长，这是比较正常的现象。但多多的过分依赖，从客观上反映了家长从小对孩子的溺爱。家长的各种担心和不忍心，常常会使孩子放弃应该尝试做的事，影响孩子独立意识和责任感的培养。面对孩子强烈的情绪反应，自然不适宜强制独立入睡，但家长也不应完全放弃。多多已经三岁半了，无论做什么都要爸爸妈妈陪在一旁，不能独处。如果不采取措施，适宜地进行疏导和渗透，帮助孩子增强独立性和安全感，以后很难帮助孩子形成健康的独立人格。

二　家长未提前沟通，孩子缺乏安全感 ▶

在布置卧室之前，家长没有和孩子进行必要的交流与沟通。孩子没有一点心理准备时间，即使家长刻意布置了孩子喜欢的环境，但没有给孩子逐步过渡的时间和必要的引导，加上孩子长久以来都是在家长的爱抚中入睡，形成了强烈的情感依恋，从心理和生理上都难以接受，因而产生了强烈抵触的情绪，并通过哭闹来拒绝和反抗。

许多孩子由于害怕孤独等原因形成恐惧心理，缺乏安全感，不敢自己独立入睡。案例中的多多虽然非常喜欢布娃娃和卡通睡枕，但这些只是带给多多一时的新鲜，还不能替代孩子对家长的依赖和情感，当孩子玩完了玩具自己入睡时，还是会感到孤独和害怕，因此要妈妈搂在身边才入睡。

建议

3—5岁是儿童独立性的初步形成期，这一时期孩子处在独立意识萌芽和迅速发展的时期。这时培养孩子独立入睡的习惯，能较好地锻炼孩子的独立自主性。但是每个孩子的心理年龄和依恋父母的程度都不一样，因此家长要根据自家孩子的独立性、安全意识等因素来确定适宜的时间和方式，帮助孩子顺利适应独立入睡。家长可以尝试以下做法：

一 ▶ 自然铺垫，避免强迫

家长提前通过日常交谈、与孩子一起阅读相关绘本和童话故事等方式，如绘本《第一次自己睡觉》《睡吧，像老虎一样》《青蛙弗洛格的成长故事》《你睡不着吗？》等，让孩子知道自己长大了，有了可以独立入睡的本领，这是件光荣自豪的事。帮孩子在情感上逐步减少对家长的依赖，乐意尝试独立入睡。家长尊重孩子合理的意愿和喜好，和孩子一起布置卧室，营造温馨安全的卧室环境，有助于帮助孩子建立独睡时的安全感。

二▶ 循序渐进，形成习惯

孩子独立入睡的习惯，不是一朝一夕养成的，需要适应一段时间。对于一直由家长陪睡的孩子，突然要求让他自己一个人睡，孩子很容易形成恐惧心理，造成不易克服的困难。因此，家长要有足够的耐心，睡的过程中注意循序渐进，从开始搂着睡——坐在床边陪伴——坐在离床远一点的地方看护——独立入睡，一点点逐步过渡，让孩子适应从身体接触陪伴到心理陪伴，最后形成自己独立入睡的习惯。在睡觉前，可以和孩子商定一个睡觉习惯。这个习惯可以是睡前讲个故事，或者看一本绘本书，或者唱个小儿歌等。这个规则建立后，一定要坚持下去，不能随意改变。这样每天进行了既定的项目之后，孩子就会有意识去睡觉了。

三▶ 分析原因，接纳陪伴

孩子在独立入睡的过程中，可能因为害怕、不适应产生不良情绪，会通过哭闹、耍赖等方式，要求家长陪在一边。这时，家长需要弄清楚孩子不愿独睡的原因，对症解决。如果是因为怕孤独，可先让孩子挑选喜欢的布类玩具，以游戏的方式说："孩子，你和小猪在被窝里玩木头人的游戏吧，看谁能先不动。"让孩子觉得自己有玩伴，消除心理的孤独感，心理上可以更加放松，帮助孩子安心入睡。如果是怕黑，可以在卧室和客厅加盏小夜灯，不要关闭房门，让孩子随时感觉到家长就在一旁。还可以给孩子一些"保护"，帮助他们度过黑夜。比如，给他喜欢的小玩具等，做他睡觉时的守护神。

四 ▶ 及时鼓励，持之以恒

对于孩子的每一点进步，家长都及时给予表扬鼓励，可以让孩子更自信和勇敢。如每次孩子睡醒后，都给孩子一个拥抱，并具体表扬，如"多多真棒，妈妈只过来看了两次，就自己睡着了。相信明天妈妈看一次，多多很快就能睡着"。对于孩子的较大进步，可以给予适当的小奖励来进行强化。例如，"多多真厉害，昨晚自己睡得特别好，今天就由多多选择，谁去送你上幼儿园"。

孩子独立入睡，对孩子的成长也是一次宝贵的经历。无论使用哪些方法，都需要家长持之以恒，好习惯才能日趋形成哦！

思考与应用

请家长和孩子共同设计"独立入睡好习惯养成表"，每天和孩子记录独自睡觉的情况，可以让孩子用他喜欢的方式记录，如贴星星、画笑脸等，并在家中明显位置展示出来。

第30课　帮孩子养成讲卫生的好习惯

　　孩子的成功教育要从良好的习惯培养开始。好习惯的培养要从小开始，3岁孩子随着年龄的增长，对"早晚刷牙、饭后漱口、洗手、洗澡、剪指甲"等日常生活中的卫生习惯已有初步行为能力。但由于其动作协调能力较弱，很多行为还需要家长的帮助。反之，如果孩子不愿意刷牙、洗脸、洗手、洗澡，该怎么做呢？

案例

　　公园里，几个3岁左右的孩子肆无忌惮地奔跑、玩闹着。不一会儿功夫，头上、身上全是汗水。

　　小志、童童跑累了，直接往地上一躺，大力则站在一旁，边用眼睛搜寻着妈妈，边看着躺在地上的小志和童童，眼神中充满了向往。小志奶奶第一个跑到孩子身边，用手绢边擦小志的头和脖子，边不断念叨："看这么多汗，快别跑了！"大力妈妈走了过来，拿出湿巾准备给孩子擦拭汗水和小脏手，她先把湿巾递给小志奶奶，小志奶奶忙摆手道："哎哟！谢谢啊！不用了，我们这孩子不能用湿巾擦，别弄感冒了，得用干手绢擦。这一个多月，气温不稳定，我都没敢给小志洗澡呢！"小志奶奶的话让旁边的童童奶奶、大力妈妈都感到很惊讶。这时，紧挨着小志的大力妈妈忽然闻到一股夹杂汗臭的异味。大力妈妈看到小志的耳朵后面已有些许被汗水浸湿后用干毛巾蹭抹出的尘垢。大力妈妈赶快拉着大力往家走，边走边说："阿姨、小志、童童，我们还有事先回家了啊！"

回家的路上，大力说："妈妈，我也想在地上躺会儿！"大力妈妈答："不行，多脏啊！"

分析 ▶

良好习惯的养成需要孩子和家长的共同努力，以及科学、循序渐进地培养。案例中存在着典型的隔辈溺爱教育和专制教育现象，都不利于孩子良好习惯的养成和健康成长。

一　隔辈溺爱教育导致孩子无法养成良好的卫生习惯 ▶

"第一个跑到孩子身边""用湿巾擦汗孩子会感冒""天气多变不能洗澡"……小志奶奶"隔辈亲"的现象在案例中表现得淋漓尽致。这种过度紧张和包办代替的做法不仅束缚住孩子自处、自理、自为、自决、自立的手脚，更无法帮助孩子养成良好的卫生习惯。

二　不尊重孩子身心发展特点的专制教育得不偿失 ▶

从案例中可以看出，大力妈妈对孩子讲卫生的习惯尤为看重。在带孩子到社区公园户外活动时，她准备了湿巾方便为孩子擦拭灰尘、污垢等；当面对小志奶奶和散发些许异味的小志时，她采用了躲闪、隔离的方式，带着大力快速走开，这时的大力妈妈一定不能让自己的孩子和这样不讲卫生的孩子在一起玩耍。同时对还在憧憬躺在地上玩耍的大力，直接回绝。大力妈妈虽已关注到孩子个人卫生习惯的培养，但专制的教育做法得不偿失。一是切断了孩子直接感知、操作体验的学习途径，生硬的教育不可能帮助孩子很好地理解并养成良好的卫生习惯。二是阻碍了孩子间的社会交往，这种专制型家长的做法也将影响孩子人际关系的发展及个性的形成。

建议

3岁左右的孩子在家长的提醒下，能做到早晚刷牙、饭前便后洗手。家长除了自己以身示范、言传身教外，还应从了解孩子的发展特点及心理需要出发，通过适宜的教育方式给予孩子正确的指导，帮助孩子养成良好的卫生习惯。

一 ▶ 以身示范，胜于言传

家长是孩子的榜样，孩子就如同家长的一面镜子，家长每做出一个动作，孩子总能模仿出来。成人的行为经常会成为孩子模仿的对象，孩子可以从成人那里模仿某些健康的行为，同样也可能从成人那里习得一些不健康的行为。因此，在帮助孩子养成良好的卫生习惯时，家长首先要为孩子示范正确的卫生行为，坚持早晚刷牙、勤洗澡、饭前便后洗手、保持服装整洁、房间卫生清洁等。

二 ▶ 足够耐心，持之以恒

育儿，需要有耐心。当孩子还做不到不湿衣襟地洗手、洗脸的时候，家长要有耐心，不急躁、不训斥，站在孩子旁边等一等，不厌其烦地教给孩子正确的洗漱方法。即使仍是湿了衣襟，但对孩子来说，也是一份别样的体验。对待3岁的孩子，家长要反复给孩子示范正确洗手、洗脸的动作要领，坚持一段时间后，孩子会渐渐养成良好的卫生习惯。

三 ▶ 正确引导，巧妙限制

3—4岁的孩子由于身心发展还不完善，判断是非对错的能力还很欠缺，并未意识到行为背后造成的影响。因此，更需要家长在面对他人的不良做法和孩子的不良行为时做出正确的回应和巧妙的限制。

当孩子向家长征求意见，而家长又必须拒绝时，应首先表达对孩子行为和要求的理解，给予心理上的安慰，然后再给出明确的回答，这是一种伤害比较小的拒绝方法。限制孩子的不良行为时，家长要用孩子乐意接受的话语。如果家长的话模棱两可、犹豫不决，孩子得不到明确的答复，会影响孩子的是非判断能力。

对于一些无关紧要的要求，家长该满足时就满足，但要事先与孩子讨论正确的应对措施。如案例中的妈妈可以允许大力躺在草地上的要求，让大力与大自然亲密接触，放松身心。只不过要事先与大力讨论放松之后如何清洁个人卫生。这样不仅满足了孩子爱玩耍的天性，又能让孩子高高兴兴地养成良好的卫生习惯。

四 ▶ 趣味引导，快乐互动

家长可以用儿歌的方式帮助孩子了解卫生常识；通过读绘本引导孩子了解讲卫生的好处；还可以进行"亲子大比拼"的游戏，和孩子一起进行刷牙、洗脸、洗手的比赛。用多种趣味性的方式，激发孩子的主动性，逐步养成良好的卫生习惯。

思考与应用

　　请家长与孩子一起用图文并茂（绘画、照片搭配文字）的形式，制作卫生好习惯养成手册，记录孩子讲卫生的行为表现。

第31课　别让"恐吓"成为教育习惯

常常听到家长这样对孩子说:"你要是再不听话,我就不喜欢你了!""你再调皮,小心让警察叔叔把你抓走!""你再捣蛋,叫医生在你屁股上扎几针!""你不认真读书,长大后只能扫大街去!"

案例

一日傍晚,某地民警接到了一位大妈的报警电话,原来是大妈在路上发现一个边跑边哭的走失孩子。警察赶到后,上前询问孩子的情况:"叫什么名字呀,在哪里上幼儿园呀?"谁料,没看到警察还好,一看到警察叔叔,孩子哭得更凶了。吓得警察赶紧解释:"小朋友,我们是警察叔叔!我们是好人……"但不管警察叔叔怎么解释,怎么哄孩子(又送礼物,又带孩子坐警车)都无济于事。

直到半个小时后,粗心的爸妈才发现孩子走丢报了警,好在很快孩子就被他们接回家了。陈警官在事后说,表明警察身份,本来是想获得信任,没想到孩子却大哭起来。而这可能是因为孩子对警察叔叔有恐惧心理。

陈警官表示,平时执勤就有家长带着哭闹的小朋友来到警察的身边说:"不要哭了,再哭就让警察叔叔把你抓起来。"

分析 ▶

虽然大部分家长没有经历过类似于案例中孩子走失的经历,但是绝大部分家长可能都对孩子说过类似于"你要是再不听话,我就不喜欢你了""你再调皮，小心让警察叔叔把你抓走"这样的话。

案例中出现的现象，剖析根本，孩子的家长在日常家庭教育中也不乏类似的语言，这种以对孩子行为进行限制、阻止或改变为目的，借助某个外在的第三方或假想性事物和情境，以口头语言中的谎话、气话、狠话等方式来哄骗、威胁、吓唬儿童的做法，其实被称为"恐吓教育"。恐吓教育从本质上讲是一种消极、负面的评价与误导，会使孩子的自我意识产生混乱，所以恐吓教育是对孩子实施"软暴力"，给孩子造成的伤害比体罚还要重。

一　恐吓教育久挥不去的原因

家长的育儿行为很容易被行为当下的效果所强化。家长往往没有把孩子作为一个独立、平等的个体去尊重，而是企图利用自己与孩子之间的力量的差距来"控制孩子"。当家长发现说一句"不要你了"，孩子就吓得立刻非常"听话"，在家长面前唯唯诺诺，这种"效果"在无形中会强化家长的恐吓行为，而且操作还简单。比如，"你要是再哭，妈妈就不喜欢你了！""快把鞋穿上！要不然我送给别的小朋友穿了"。这种欺骗式恐吓常常是以虚构的或不存在的事物和现象来吓唬孩子。"再不听话，就让警察叔叔把你带走！"这样的恐吓便是导致案例中情况发生的主要原因。

二　恐吓教育对孩子的危害大

恐吓教育容易造成孩子对某些事物或现象的恐惧。本来那些与孩子不相关的人物、事件、现象、情景等，在未来的日子里都可能成为孩子害怕的对象。孩子可能会因此变得很胆小，同时伴有社会性退缩的现象。恐吓教育无意中还教会孩子说谎，如"你再不听话我就从楼上把你扔下去""再哭我就把你送人了"等，这些都是不能兑现、也不可能实施的狠话、气话、大话，当然在孩子看来，它们都是假话、谎话。孩子在恐吓教育中认识并理解了说谎，这是非常可怕的。所以，成人如果随意地吓唬孩子，使其顺从自己的权威，极易导致孩子形成胆小、懦弱、说谎的不良品质，束缚其人格的健康成长。同时，恐吓教育使成人丧失教育力量，恐吓教育愈激烈，家长在孩子面前的教育影响力就越低。

建议

一 ▶ 家长要转变教育观念

家长之所以成为恐吓教育的实施者，是由于深受不良传统教育观念的影响。为此，家长应该自觉摒弃那些陈旧的教育观念和方法，倡导人文关怀的、孩子为本的现代教育理念。家长学会理解孩子、尊重孩子，学会倾听孩子、欣赏孩子，学习做孩子的好朋友、好伙伴。有时，孩子的行为之所以不得体，并不是他故意与家长作对，而是他不了解规则，不知所措。家长可以通过建章立约，定期开展家庭会议，和孩子一起商量事情，有意促进孩子形成良好行为习惯。

二 ▶ 家长要控制自己的情绪

孩子不听话的时候，父母首先应该搞定自己的情绪，冷静的父母才能选择最恰当的教育方式。家长要允许孩子犯错误，让孩子在错误中成长。错误也是一种经历，它带给孩子的可能是深刻的教训。不要让孩子的心灵装进惧怕、悲伤、憎恨等，这些情绪都会严重地伤害孩子。所以，要允许孩子出错，理解和包容孩子的错误，也是一种教育智慧。

三▶ 坚持正面教育

用正面的承诺来代替负面的威胁，有助于激发孩子的兴趣，从而接受家长的建议。或者给予孩子一个缓冲的心理时间，让孩子不至于因感觉家长太强势而产生逆反心理。

四▶ 家长要及时制止"逗弄"孩子的外人

有邻居逗弄家里新添了小宝宝的孩子："你妈妈因为不喜欢你才生下你弟弟的，你妈妈不想要你了，你来做阿姨的孩子吧？"更糟糕的是，这样逗弄孩子取乐，看着孩子哭闹、害怕来满足自己的控制感和心理快感，践踏伤害孩子内心的，往往不是一个人，而是有周围一群"帮凶"，这种情况在孩子的内心引起的恐慌可想而知。对于那些爱逗弄孩子的邻居、亲戚，家长不要碍于亲戚邻里的关系，要及时制止这种情况。

五▶ 巧用"自然后果"惩罚

如果孩子的行为不符合常理，一般都会有一个随之而来的自然后果。比如，不好好吃饭的自然后果是"挨饿"，抢夺别人玩具的自然后果是失去玩玩具的权利，喝水不排队（插队）的自然后果是排在所有人的后面。所有这些，都比恐吓教育更有效果。

六▶ 陪伴比批评更重要

有的时候孩子做出让人生气的举动，往往是他们觉得一个人玩太无聊了，想要父母和自己一起玩。但是父母却总是以忙碌为理由而拒绝，所以孩子便做出一些错误的举动来吸引家长的注意力。面对这种情况，父母如果再去恐吓孩子，孩子的心灵就很容易受到创伤。所以，与其批评孩子，不如拿出时间去陪伴孩子。

思考与应用

　　家长不论多忙，每天都要抽出固定的时间去陪伴孩子，让孩子感受到被关注的温暖。

　　3—4岁的孩子踏入幼儿园，第一次独立面对家庭外面的世界，更需要家庭情感支持做后盾，强大的家庭情感支持源自幸福和谐的家庭建设。

　　家庭是孩子成长的第一环境，每个家庭成员的个人修养、所持有的教育观念、所掌握的教育知识，家庭成员之间的关系以及家庭氛围，都会影响孩子的成长。家长应关注家庭对孩子的重要影响，创设温馨和谐民主的家庭氛围，建立良好的夫妻、亲子、祖辈家人关系，给孩子高质量的陪伴，与孩子共设家规，言传身教，形成良好的家风家貌，多与家人一起走进自然、感受自然，让尊老爱幼、乐于分享、文明礼仪等成为家庭成员的习惯。

　　本篇内容结合家庭氛围营造、家教任务分工、家庭活动开展等进行分析，让家长清晰认识到家庭对孩子成长的影响，反思家庭教育的内容、方式方法是否得当，学会创建有利于孩子成长的家庭环境，建立与孩子的亲密关系，让每一位家庭成员都成为合格的"教养者"，帮助孩子建立安全感、责任感和归属感。

第32课　如何建立和谐的亲子依恋关系

　　依恋是孩子与其抚育者相互作用过程中在感情上逐渐形成的一种联结、纽带或持久关系。亲子依恋关系的形成是孩子以后诸多社会关系形成的基础，在很大程度上影响孩子以后人际关系以及个性特点的形成。它对孩子心理发展有着重要作用。因此，家长应该在家庭中建立和谐的亲子依恋关系。

案例

　　小平的父母工作很忙，平日里经常加班，陪伴小平的时间很少，小平3岁前多数时间都是由保姆带着。爸爸妈妈觉得很亏欠孩子，就一味地满足孩子的物质需求，给小平买昂贵的玩具、物品，只要是孩子的要求统统答应。

　　每天，小平都盼着妈妈快点回家，一进门就黏着妈妈，一刻也不离开，就连妈妈上厕所都要跟着。有妈妈陪伴的时候，小平总是笑嘻嘻的，特别安静、温和。妈妈不能陪伴他时，小平就会乱发脾气、哭闹甚至摔东西，表现出急躁不安的样子，妈妈就会用"买玩具""承诺许愿"来安抚小平。

　　现在，小平刚上幼儿园，每天哭闹得特别厉害，妈妈每次离开都是和妈妈难舍难分。妈妈也是强忍着泪水，放下小平去上班。幼儿园里，小平每天中午哭着睡觉，醒来后就要跑到大门口等着妈妈来接。

　　就这样，小平哭闹了一个月才有所好转。

分析 ▶

两岁半之前是建立良好亲子依恋的关键时期。在此阶段，如果母子经常分离，就会像案例中的小平一样出现情感"饥渴"。小平的家长因为工作很忙，陪伴小平的时间很少，孩子的社会情感需要经常处于"饥渴"状态，亲子依恋关系就不能正常稳定地建立。小平每天都盼着妈妈快点下班，如果和妈妈在一起，就会感到非常快乐，使他获得一种安全感。当妈妈工作忙不能陪伴他时，小平会感到不安，表现痛苦和哭闹，出现焦虑情绪。小平刚入幼儿园时，就出现了特别明显的分离焦虑。

美国心理学家安斯沃斯等在鲍尔比理论研究的基础上，把孩子的依恋分为三种类型，即安全型依恋、焦虑抵抗型依恋、焦虑回避型依恋。为什么小平这么黏人、适应能力这么弱呢？我们一起来分析一下：

一　孩子缺少安全感

有安全型依恋感的孩子，当抚育者在场时可以自由地进行探索，也能与生人打交道；当抚育者离开时会表现得心烦意乱，但在看到抚育者返回时会重新高兴起来。安全依恋感的建立是孩子情绪健康和人格发展的重要基础，它使孩子获得身体的舒适并保持经常性的快乐，更容易同他人接近并建立友好关系，更愿意认识和探索新鲜事物，更易于形成归属感。

二　孩子存在焦虑抵抗型依恋

有焦虑抵抗型依恋感的孩子会对探索行为及陌生人感到焦虑，抚育者的离开会使孩子感到极端沮丧，而抚育者返回时孩子又会表现出矛盾心态，寻求、保持与抚育者的亲密状态但会出现怨恨的情绪。孩子的需要有时被忽视，有时又被过分重视，像小平妈妈一样，当她认为需要关心孩子时，就会用自己的方式去做，一味地以物质满足孩子的需要，而很少考虑孩子的情感需求。如此一来，孩子时常会表现出过分依赖，发现抚育者对自己好时就非常珍惜，无时无刻地要求与抚育者在一起，而对与抚育者的分离则有着强烈的焦虑和不安。此时，抚育者就觉得孩子很缠人，会忽然对其生气或者冷淡，让孩子感到不被理解，从而生气、怨恨，就像案例中小平妈妈一样。每个行为偏差孩子的背后，常常都有这样一个共同的原因，那就是亲子关系有问题。

建议

　　人在幼年与家长之间亲密关系的建立，关系到孩子安全感与归属感的建立，影响着孩子一生的幸福。良好的亲子关系，对孩子今后的人格塑造和社会适应，有着重要的意义。相反，亲子关系不好或缺失，则会使孩子陷于发展的劣势，这些孩子长大后更容易出现心理问题。建立和谐的亲子依恋关系，可以参照下面的做法：

一 ▶ 重视和谐母子依恋关系的建立

　　对于孩子来说，没有安全感是一件很可怕的事情。从心理学的角度说，童年的亲子关系会内化到孩子的心里，成为内在的关系模式，决定着孩子的命运。通常孩子最初的依恋对象是妈妈，母子依恋关系影响孩子的自我概念的形成。因为孩子自我形象的形成，部分是由于孩子在与妈妈交往时内化了传播给自己的观点。例如，妈妈在陪伴孩子时所表现出来的亲切、关心和赞扬，能使孩子产生一种良好的情感体验以及"我是好孩子"的感觉。如果妈妈对孩子过于严厉，好批评责骂或疏于管教，会使孩子产生一种自暴自弃以及"我是坏孩子"的感觉。

因此，作为妈妈要能识别孩子发出的各种需求信号，并给予积极、迅速的反应。同时，要对孩子要充满爱心与关怀。

二▶ 重视发挥父亲角色在亲子依恋中的作用

要想与孩子建立良好的亲子关系，亲自抚养孩子是很重要的。6岁之前是孩子与父母建立依恋关系的关键时期，有了这种心理依赖关系，孩子才会自觉自愿地接受抚养人在管教和观念方面的影响。现在很多家庭缺少父亲对孩子的抚育，对于父亲而言，虽然在最初的养育中介入的程度远远低于母亲，但随着孩子的成长，父亲的角色在亲子依恋关系中越来越重要。父亲在孩子的成长过程中起着把孩子引向外部世界的作用。父亲的世界观、对社会的认同和接纳程度及与外部环境的关系都会影响到孩子的成长。所以，建立良好的亲子关系，父亲也有着不可替代的作用。

三▶ 建立温馨和谐的家庭氛围

良好的家庭氛围需要家长悉心经营。首先，要致力于构建和谐的夫妻关系。夫妻间要互敬互爱，互相理解，为孩子构建一个和谐、温馨的家庭环境。其次，要建立与祖辈关系的和谐。家长要孝敬老人，给孩子树立良好的榜样。家长与祖辈间要加强沟通与交流，避免由于教育要求不一致而给孩子带来的无所适从和不信任。同时，还要经常与孩子交流沟通，认真倾听孩子的想法，多陪伴孩子，如绘本阅读、亲子游戏、户外锻炼、游玩等。

四 ▶ 适当采取措施与孩子短暂分离

当孩子依赖心理比较严重时，家长可以试着从每次离开一分钟后出现，逐渐过渡到五分钟，让孩子意识到家长还会回来。分离应该是一个渐进的过程。在入园前半年就要有计划地把视线从孩子身上移开，逐渐拉长家长离开的时间，让孩子慢慢适应。有计划地让孩子独立地玩、看书和看电视等。让孩子知道，家长只是短时间离开他，过一会儿会回来的，这个过程能够帮助孩子建立对家长的信任感。

思考与应用

组织一次家庭外出游乐活动，带孩子爬山、游览等，加深情感、增进互动，让孩子在与家人亲密的氛围中，感受到家的温馨和爱。

第33课 和孩子一起去郊游

儿童教育家蒙台梭利曾说，"大自然是孩子最好的老师"。家长和孩子一起去郊游，让孩子与大自然亲密接触，感受大自然的千姿百态。在大自然中自由观察、任意玩耍、尽情游戏，有助于丰富孩子的情感，开阔孩子的视野，发展孩子的观察力和感受力，还能避免电子产品对孩子的不利影响，增强亲子之间的交流互动，促进孩子身心和谐、全面健康的发展。

案例

春天来了，贝贝和妈妈来到公园，望着刚冒芽的柳树，贝贝好奇地问："妈妈快看，树发芽了？"妈妈凑近仔细一看，回应道："对呀！柳树发芽了。它是什么颜色的？"

贝贝仔细观察了一会儿说："有点黄，又有点绿。"

妈妈说："确实有点黄又有点绿，我们称为黄绿色。你观察得很仔细！过几天，这些小芽就会变成小叶子了！"

贝贝惊讶地问："真的吗？那过几天，我们再来看柳树的新叶子吧？"

妈妈看着贝贝的眼睛说："当然可以了！"

贝贝随后看旁边的小花说："妈妈看，花开了。这是什么花？"

妈妈俯下身来，轻声说道："噢，这是迎春花。它是春天里最早开的花，它用开花的方式迎接春天的到来，所以人们都叫它迎春花。仔细看看它是什么颜色？有几个花瓣？"

贝贝又向前走了一步，指着花瓣数到："1、2、3、4、5，一共有

5个花瓣。花朵是黄色的。"

　　妈妈笑着说："贝贝说得很对，迎春花是黄颜色的，大多数有5个花瓣，还有少数6个花瓣的呢！到时候你可以数数看。"

　　"好的，妈妈。"贝贝说完和妈妈手牵手继续寻找春天去了。

分析 ▶

　　从上面案例来看，贝贝的妈妈是一位热爱生活、喜欢带孩子在日常生活中进行观察和探索的妈妈。她耐心细致，富有童真童趣，面对贝贝提出的一系列问题，总是认真耐心的给予解答，并有针对性地展开提问。这样既满足了贝贝的好奇心，又激发了贝贝对事物的求知欲，通过发芽的柳树、开花的迎春花……发现了春天的秘密。让孩子在体验中感知，比起那些人为制造的、机械的书本知识更容易让孩子接受，相信在这个春天里，贝贝一定会对植物的发芽、开花等充满着浓厚的兴趣。

　　面对同样的问题，有些家长会积极回应，有些家长则会不屑一顾，而有些家长则会以工作忙等为借口，要么自己不带孩子，要么把孩子留在家中，如果孩子和大自然的互动长期得不到充分展开，就会让孩子感受自然、体验自然的能力变得不灵敏，从而限制孩子的想象力和创造力，这将极大影响孩子的探索欲和好奇心。那么，在郊游中探索大自然对孩子有哪些好处呢？

一　提升孩子各种能力 ▶

　　孩子会在与大自然的互动中孕育出高超的智慧和敏锐的感受力。案例中，家长和孩子在公园郊游的过程里，通过直接提问、互动讨论等形式，让孩子在郊游中感受大自然的千姿百态，感受春天的变化之美，培养了孩子的观察力，提升了孩子的感受力，激发了孩子的兴趣，丰富了孩子的情绪情感，促进了孩子的心智发展，升华了孩子的灵性。

二　引发孩子主动探究

有时候孩子们在郊游中会被一些景象或是一些事物所吸引，即使暂时不知道事物的名称也没有关系，家长和孩子可以从不同角度观察事物，可以看看、摸摸、猜猜，当孩子开始与大自然产生共鸣时，家长和孩子的关系就会变成共同探索自然的伙伴。同时注意引导孩子积极思考、主动探究，虽然有的问题孩子不能马上回答，但通过观察和探索，孩子会一点一点进入到对事物的细微观察状态中，伴随着家长适宜的引导，孩子的能力一定会有所提升。随着时间的推移，孩子的学习兴趣和探究欲望会变得越来越强烈。

三　促进亲子关系融洽

案例中的家长就是利用了春天的季节性特征为教育契机，带孩子到周边公园郊游，让孩子在自然中观察感受。在亲子互动的情况下，我们不难看出这位家长着重让孩子感知了解自然界季节变化的规律和特点，懂得接纳并尊重孩子的想法，积极回应孩子的问题，家长和孩子的关系是轻松、愉快的。

建议

现代生活中，有很多孩子生活在城市中，很难和大自然对话。因此，对于城市孩子来说，家长更要利用日常各种机会，让孩子亲近大自然，与大自然产生共鸣。

一 ▶ 在自然中倾听观赏

热爱生命是我们每个人都应该懂得的，让孩子走进大自然，去探索和发现，了解这个世界上神奇丰富的动植物，会让人感知更多生命力量。因此，家长可以利用寒暑假期间或休息时间，多带孩子走进大自然，进行各种有趣的亲子活动，观察山的豪迈、海的浩瀚、草原的辽阔、星空的神秘。每个季节都有每个季节不同的美。这样不仅丰富了孩子的生活，躲开了电子产品对孩子的不利影响，而且让孩子在聆听、欣赏大自然的同时，更好地放松身心，激发孩子对动植物的好奇与探究，让孩子更热爱自然、热爱生命。

二 ▶ 在自然中种植饲养

家长在引导孩子多次郊游观赏接触自然之外，也要让孩子懂得热爱和保护自然。哪怕身处都市之中，还是可以和孩子在阳台上种一些简单的植物，例如栽种一些瓜果蔬菜等，并记录瓜果蔬菜的生长情况。如果家里条件允许，还可以与孩子一起饲养宠物，如小乌龟、小鱼等，让孩子学习自己照顾动植物的同时，体会生命成长的可贵，逐渐养成热爱自然、关爱生命、保护环境的良好品格。

三 ▶ 在郊游后拓展延伸

对大自然有了最基本的认知之外，家长也需要多了解大自然的常识。陪孩子一起到书店，或通过网络购买搜集与大自然相关的书籍、资料，如《动物绝对不可以穿衣服》《自然大百科》

等，再者还可以从电视上观看专属的自然节目，看后一起讨论，会让家庭中的自然之旅变得生动又有意义。同时，在这个过程中，家长还可以借此机会引导孩子对动植物进行分类，比较相似或者相异的动植物，让孩子对动植物有进一步认知和了解，开阔视野，丰富知识。

思考与应用

请家长利用周末或节假日时间，带孩子到周边公园、野外田园进行亲子大探险，了解大自然并进行随机拍照记录亲子共玩的过程。回家后一起进行照片整理和文字说明，鼓励孩子用涂鸦的形式记录自己的发现，留下家长陪伴孩子童年生活的美好记忆。

第34课 严厉爸爸与慈爱妈妈

许多家长片面地认为：在家庭教育过程中，父母对子女的教育要求和态度应该一严一松。那么，严厉爸爸与慈爱妈妈真的是合理搭配吗？其实不然，"严父慈母"的教育方式给孩子的成长带来诸多不利影响。这样的教育方法容易导致孩子对父母的态度不一样，面对严厉的爸爸时会言听计从，甚至讨好；而面对慈爱的妈妈，可能就表现得比较骄纵，想怎样就怎样。长此以往，孩子的言行就会有两套标准，3—4岁的孩子亦是如此。因此，在家庭教育中，父母间要保持教育的一致性，相互配合，相互协调。

案例

小凯4岁了。在家里，妈妈十分宠爱他，基本上是有求必应，但是爸爸对他就相对严格，经常是说一不二，希望他从小就有男子汉的样子。妈妈平时下班很晚，所以大多数时间是由爸爸带着小凯睡觉，小凯也很听爸爸的话，按时睡觉。

有天晚上，睡觉时间到了，爸爸让小凯赶紧睡觉，可正巧妈妈下班回来了。小凯顿时不想睡觉了，非要再吃一块糖，爸爸告诉他："现在是睡觉时间，不能吃糖，睡前吃糖对牙齿非常不好。"小凯一听，便呜呜地哭起来，跑着去找妈妈。妈妈边安慰小凯边责备爸爸不应该对孩子这样严格。"孩子不愿意睡就再玩会儿呗，吃完糖，刷刷牙就行了。"爸爸非常生气："你就惯着他吧！"最后一家人都不开心了。

分析 ▶

上述案例中，在严父慈母的教育环境下，孩子为什么会形成不同的态度？这样对孩子的身心发展有什么影响呢？

一 家长的教育步调不一致，容易让孩子形成两面派 ▶

孩子知道家长对自己的要求标准不同，于是本能地会在家长面前有选择性地表现自己，形成双重性格。爸爸要求严格，必须按时睡觉，不睡不行，所以在爸爸面前就会表现得很乖巧，甚至唯唯诺诺；但是妈妈相对慈爱宽容，所以在妈妈面前就会十分淘气，甚至不守规则。

二 家长的教育态度不一致，降低了家庭教育的效果 ▶

案例中的家长在对待孩子的教育问题上，没有达成一致性，比如一个要求孩子睡觉前不能吃糖，一个觉得无所谓，可以吃糖，教育态度的不统一，极大地削弱了父母的教育权威。就像小凯，他不会真正地听爸爸、妈妈的话，也不会把爸爸要求的原则性问题放在心上。因为他明白，爸爸对他严厉，他便可以寻找妈妈寻求帮助，对此，爸爸也没有好办法。

三 家长缺乏统一的行为标准，孩子无从选择 ▶

3岁的孩子其年龄较小、判断力较差。当孩子面对父母的不同要求、不同做法和不同反应时，他并不知道怎样是对的，哪些是应该遵循的，也不清楚按时睡觉与睡前吃糖是否是合理的要求。3岁孩子在此阶段是混乱的。因此，家长面对孩子没有明确的行为标准，长此下去容易导致孩子进入社会后的无所适从，造成与他人交往的困难，甚至漠视社会行为准则，导致反社会行为。上述案例中的最后结果必定是家长双方彼此都很生气，认为对方对自己不理解、不支持，从而影响了家庭关系。在一次次的冲突中，夫妻关系的矛盾，间接地影响了对孩子的教育，孩子长久在这样的环境里生活，不仅得不到好的教育效果，更不利于孩子良好性格的养成。

在家庭里，无论是"严父慈母"还是"严母慈父"，对孩子的身心发展都是不利的。父母对孩子的教育应该是一致的，给孩子一个统一的标准，让他有明确的参照，从而知道怎样做是对的，怎样做是错的。

建议

那么，在家庭教育中，父母应该扮演什么样的角色呢？应该怎样进行和谐、有效的家庭教育呢？

一 ▶ 家长角色要平等，保持教育一致性

"没有规矩不成方圆"，家庭教育也是一样。在家庭教育中，父母应扮演平等的角色，双方要有充分地讨论并达成共识，保持一致的要求和标准。对于孩子遵守和违反家庭规定的奖励和惩罚，夫妻之间要达成一致意见。对于3—4岁的孩子，家长在制定一致要求的过程中，可以鼓励孩子参与讨论，并询问孩子的意见。这样，一方面可以培养孩子的思考能力和参与意识。另一方面，也有助于孩子理解和明确家长对他的要求是一致的。

遇到分歧时，家长千万不要当着孩子的面争吵，各自冷静压住怒气，等孩子休息了再进行认真讨论。家庭教育中，家长面对孩子的各种"小事件"时，只有保持教育的一致性，才不至于干扰孩子决定，削弱教育效果。

二 ▶ 家长双方互相配合，增强教育有效性

家长面对孩子的问题时，如其中一方批评孩子时，另一方一定不要袒护，尤其不要在孩子面前指责对方，应该互相配合、协调一致，给予孩子明确的问题指向。家长在孩子面前要多维护对方形象，因为父母是孩子心中的"两面墙"，孩子便会自然生发来自家庭的一种安全感。如果一方把另一方的形象破坏了，孩子则会失去安全感，影响其人格的健全发展。

思考与应用

1. 请家长陪同孩子制定一份"家规"，明确规定孩子在一些原则问题上的要求，如晚上上床睡觉的时间，饭前便后要洗手等。

2. 请家长学习网上微课和幼儿教育心理学知识，了解孩子身心发展特点，更好地了解孩子的需求，对孩子提出合理期望。

第35课 周末时光的正确打开方式

　　由于工作忙碌和生活压力，年轻的职场父母带娃常常力不从心。这时，周末便成了亲子关系互动的绝佳时期，不仅可以拉近亲子关系，更是促进孩子自主能力提升的良机。然而，有的父母为了让孩子赢在"起跑线"，不惜让孩子报名参加各种兴趣班；有的全家宅在家里，大人一天到晚捧着手机，孩子在一旁看电视、玩玩具。与其说这是"过周末"，不如说是"打发周末"。那么，家长该如何安排，才能陪孩子度过一个有意义的周末呢？

案例

　　3岁的果果刚踏入幼儿园生活，规律又丰富的集体活动占据了果果的周一至周五。果果所在的家庭是典型的四二一模式，平日父母工作忙，孩子托付给两家老人轮流照看，周末再接回自己家中。生活中，果果的爸爸妈妈出于内心的愧疚和亏欠，对这个"小公主"十分疼爱。只要周末有时间，就一定带果果出去玩。只要果果开心，一般都会满足她的所有要求，也很少加以约束。

　　一周忙碌的工作结束了，果果父母早早安排好了周末生活。游乐场、自助餐、看电影、逛超市……一个接着一个，马不停蹄，一直到天黑才肯回家。回家的路上，累了一天的果果便睡着了。

　　转眼间，新的一周开始了，果果从一睁眼就开始哭闹喊着不去上幼儿园。果果父母很是担心："怎么一到周一就不愿意上学呢？"傍晚去幼儿园接孩子时，果果父母在和老师的交流中得知，果果在幼儿园情绪不高，吃饭也没食欲，午休时也是翻来覆去地睡不着。

分析 ▶

当今社会有许多像果果这种情况的家庭，很多年轻父母因为工作繁忙和生活压力，平日没有时间照顾孩子，只能利用周末或假期陪伴孩子。案例中的果果为什么周一不愿意去上学呢？果果父母"精心"安排的周末生活究竟哪里出现了问题呢？

一　家长教育观念偏差 ▶

从案例中我们得知，果果父母因为工作原因，很少有时间陪伴果果，总觉得有份亏欠，基于对孩子的补偿心理，每当与孩子相处时，便会尽可能地满足孩子的一切要求，让孩子拥有最好的享受，而没有考虑孩子心理的放松。爱孩子的方式有很多，最好的补偿就是高质量的陪伴。

二　活动安排过于紧密差 ▶

案例中果果父母为了带给孩子一个温馨快乐的亲子时光，早早地计划好周末活动。可以看出，果果的父母非常重视亲子陪伴，然而，在活动安排上过于紧密，导致孩子在周一返校时出现畏难情绪和体力不支的现象。孩子经过幼儿园一周丰富的学习生活后，周末也是一个调节缓冲的过程。快节奏的周末生活打乱了孩子的生活规律，会让孩子身体吃不消，并不利于孩子休息和放松。

三　内容没有考虑孩子需要 ▶

案例中，可以发现果果父母安排的活动以室外的游玩、吃喝为主，看似"精心"安排的周末生活，其实并没有考虑孩子的身心发展水平和成长需要，比较具有随意性和任意性。繁杂无目的的活动安排，如逛超市、看电影、去游乐场等，带给孩子更多的是新鲜感和刺激感，和孩子亲子交流的机会较少，忽视了活动本身带给孩子的高质量陪伴，对孩子专注力的培养也有阻碍作用。

建议

家庭是孩子的第一所学校，而生活则是孩子最好的课堂。在这个大课堂里，有我们取之不尽的教育资源，也有孩子用之不竭的精神营养。每个周末都是一段难得的亲子时光，家长应该如何和孩子度过一个高质量的周末呢？

一 ▶ 合理安排时间，培养良好习惯

3—4岁是培养生活习惯的关键期。对于刚踏入幼儿园生活的小班孩子来说，他们刚尝试融入和适应集体生活，并在幼儿园科学的作息安排中，逐渐养成良好的生活习惯。作为家长，引导孩子合理科学地安排周末生活至关重要。家长可以结合幼儿园的作息时间，制订自己的居家作息时间表，让孩子养成良好的生活作息习惯。也可以安排一些力所能及的家务劳动，让孩子感受劳动的快乐。或者邀请孩子和大人一起劳动，从而磨炼意志、强化责任感，丰富孩子的生活常识，而且有利于其独立能力、责任感的培养。

二 ▶ 深入了解孩子，立足成长需要

走近孩子，学会倾听他的内心世界，有助于良好的亲子关系的建立。对孩子来说，最适合的教育，才是最好的教育。日常生活中，家长要认真观察，结合孩子的行为特点和能力水平，抓住孩子的成长关键期和敏感期，为孩子安排有教育性、有价值的活动，有针对性地进行积极引导。也可以引导孩子，自主做一份自己想要的周末计划。和孩子一起参加活动，不但能激发孩子的主动性，加强家长与孩子之间的亲情，而且有利于增强孩子的意志力和自信心。

三 ▶ 科学安排活动，内容丰富多样

　　游戏可以帮助成人打开孩子的内心世界，在孩子心里，能陪他游戏的人，才是真正愿意理解他，尊重他的"朋友"。同时，亲子游戏还可以有效拉近亲子关系。利用周末时光，陪孩子做一些小手工、小实验或者美食，一边轻松度过周末的同时，一边发展孩子的动手操作能力。家长还可以有效地利用周末时间，根据孩子的认知水平和年龄特点，选择合适的绘本故事，或者走进图书馆，打造温暖的亲子共读时光。

四 ▶ 亲近社会自然，探索快乐自由

　　儿童的世界是儿童自己去探讨、去发现的，大自然、大社会是孩子们最真实、最丰富的、最具吸引力的"活教材"。3—4岁孩子天性活泼好动，家长应创造环境和条件多让孩子接触大自然，开阔眼界。选择天气不错的一天，带孩子投入到大自然中，呼吸新鲜空气，欣赏优美风景，引导孩子通过看看、听听、摸摸、闻闻等多种手段，感受生命的多样性和世界的丰富多彩。

思考与应用

　　请家长陪孩子度过周末亲子时光。家长和孩子可以共同种下一颗蔬果或花的种子。和孩子一起认识种子的形态，了解其生长习性，体验挖土、播种、浇水，等待种子发芽和长大的过程，这样不但能够培养孩子的耐心和责任感，还能获得成就感。

第36课
在家务中培养孩子的自理能力

常常会听到家长抱怨说，孩子自理能力差，性格内向，不会沟通，依赖性强，孩子到了一定年龄还无法自己穿脱衣服鞋袜，更不会帮大人做一些力所能及的事。孩子们是否真如家长们所担心的那样，没有自理能力，什么也做不好呢？

案例

4岁的琪琪是个独生女，爷爷奶奶对她很宠爱。琪琪奶奶是一个很爱干净的人，每天都要把家里里里外外收拾一遍，包括对琪琪的爸爸妈妈也是包办代替做很多事情。

有一天，琪琪想给奶奶帮忙，笨拙地拿起抹布擦桌子。奶奶赶紧说："哎呦！我的小宝贝儿啊！快放下！你这么小，还会干这个？你爸在家里，我都不用他！别弄脏了衣服，水太凉了，我来擦，你去玩玩具吧！千万别给我找麻烦了！"

这时，琪琪妈妈听到了，轻轻地发出求助："琪琪，妈妈的电脑桌上都是灰尘。我现在很忙，你能不能帮我擦一下电脑桌啊？"琪琪很自豪地回答："当然可以了！妈妈，我来帮你！"于是，琪琪高兴地拿起抹布，跟着妈妈，笑眯眯地跑进了书房。

琪琪看着电脑桌，不知道如何下手。妈妈说："琪琪，电脑桌上有键盘和鼠标，它们是很怕水的。"

琪琪若有所思地点点头，说："它们很怕水，所以我要用干抹布来擦，这样，它们就不会害怕了。"于是，她乐颠颠地跑到厨房，拿了一块干一点儿的抹布，很认真地擦起来。遇到擦不到的地方，她还把电脑鼠标拿起来擦。

妈妈惊讶地说："琪琪真能干，你怎么想到把鼠标拿起来擦呀？"琪琪说："我看奶奶平时都是这样啊……"

分析

从上面案例可以看出，奶奶的教养方式是典型的包办，完全剥夺了孩子的动手、动脑机会，这是不恰当的。案例中的妈妈，是一位懂教育的聪明妈妈，尽管孩子年龄小，但她能够敢于放手，学会对孩子示弱，给孩子创造了直接体验劳动的机会，这是一种教育的智慧。

一　孩子喜欢在模仿中学习

3—4岁的孩子刚从婴儿期步入幼儿期，身上难免带有一些婴儿期的痕迹，行动比较笨拙、缓慢。这个时期的孩子动作发展快，身体和手的动作已经比较自如，可以掌握各种相对精细的动作。同时，由于动作的不断发展，对他们的思维发展也起到了一定的促进作用。瑞士心理学家皮亚杰认为，3岁左右的孩子，正处于直觉行动思维到具体形象思维过渡的前运算阶段，认识上很大程度依赖行动。同时，他们的语言表达能力相对还比较弱，常常通过自己的行动去表达需求。除此之外，爱模仿是这个年龄阶段孩子突出的年龄特征。他们喜欢模仿老师、家长和身边的同伴等，并在模仿和想象中学习、成长。如同案例中孩子使用的鼠标垫擦拭方法，让妈妈惊讶不已。诸多生活方法的习得，实际就是从孩子对家人举动的模仿而来。

二　理智地爱护自己的孩子

爱孩子是父母的本能。有些孩子，衣服由父母来给穿，鞋带由父母来给系，扣子由父母来给扣，吃饭由父母来给喂。即使孩子上了幼儿园，家长也有各种不放心。我们经常会看到这样的场景：小班孩子刚入园，孩子在屋里哭，家长在外面哭。很多家长，偷偷摸摸地躲在角落里或者窗户下，边看边抹眼泪。尤其是看到孩子哭，家长的心都碎了。担心孩子在幼儿园里吃得好不好？喝水足不足？会不会上厕所？有没有朋友等等，恨不能包办孩子的一切。很多父母表示，如果疾病能够代替的话，他们也会毫不犹豫地代替孩子来生病。很多教育家和心理学者都赞成父母应对孩子多陪伴、多鼓励、多赞赏，给予孩子足够的温暖和爱。但是，在我们的实际生活中，父母给孩子的爱不是太少了，而是太多了。不仅如此，有些爱的方式也不恰当。有些家长包办代替，剥夺了本该属于孩子的锻炼机会，导致孩子在长大进入学校、社会后，如同"温室花朵"，出现了很多高分低能儿，不会控制情绪，很难适应新环境。

建议

针对现在孩子的自理能力弱的特点，我们家长不妨从以下三个方面进行引导：

一 ▶ 放心，充分相信孩子

对于孩子，有些家长很难做到相信孩子的能力，尤其是爷爷奶奶总是认为孩子还小，无法做好一些事，或害怕孩子受到伤害。正因为成人抱有这样的观念，所以当孩子想去做一些力所能及的事情时，会受到阻挠或禁令。长此以往，孩子们不再相信自己拥有这样的能力了。因此，家长需从内心中做到真正放心，鼓励、支持孩子寻求独立性的行为。根据孩子的身心发展特点，从易到难，从简到繁，逐步培养孩子的各项生活本领。比如，从三岁左右让孩子开始自己吃饭、洗手、刷牙，四岁学习叠被子整理床铺等。如果条件允许，也可以让孩子做一些简单的家务劳动，让孩子树立自我服务的意识。

二 ▶ 放手，给孩子创造动手的机会

对于很多家长来说，让孩子自我服务或者帮助家人做一些力所能及的事情，这是在给自己找麻烦。因为孩子做不好，最终还得家长来帮助他收拾整理。家长们的这种感受，是非常正常的。由于当今的社会生活节奏比较快，很多家长工作繁忙，时间不充裕。为了避免出现孩子做事而产生的不良后果，家长往往直接代替孩子做事，以节省时间。但是，这样做的结果反而使孩子越来越依赖父母，独立性越来越差。生活中，家庭成员之间要达成一致。家长不需要为锻炼孩子的自理能力刻意创设一个环境，只需顺其自然地利用日常生活的契机即可。比如，玩具玩完了，家长跟孩子一起收拾，并告诉他下一次自己完成；洗袜子时，让孩子跟着家长一起洗袜子；做饭时，鼓励孩子帮忙剥豆子、择菜；等等。

三 ▶ 适当向孩子示弱

在孩子眼中，大人是万能的，什么都会做，什么都懂。他们常常把自己的父母当作偶像来崇拜。所以，如果生活中你事事处处对孩子包办代替，那么当你需要孩子帮忙的时候，孩子可能

就会拒绝你。因为一是他们没有这样的意识，二是长期得不到锻炼，孩子也没有这样的能力，甚至听不懂你要让他们干什么。所以，作为家长，在生活中可以对孩子适当示弱，寻求孩子的帮助。比如散步时，孩子走累了，撒娇着让妈妈抱，妈妈可以说："宝贝，妈妈也很想抱你。可现在妈妈也很累了，你能自己走吗？"这样的方式，会让孩子感觉妈妈不是不喜欢她才不抱他，而是妈妈需要他的帮助，所以他会做出更积极的反应。通过这样的示弱，让孩子觉得自己能够帮助别人，从中获得自我成就感。

思考与应用

家长跟孩子一起做游戏"请你快来帮帮我"。跟孩子一起商量："我能帮家人做什么？我要怎样做？"让孩子在帮助家人的简单家务劳动中，获得快乐。

第37课　隔代教育也精彩

　　随着社会的高速发展，年轻父母多忙于工作，很多孩子的养育、教育任务都交给了上一代人，于是便形成了一种无奈而又不可避免的"养娃"模式——隔代教育。俗话说"隔代亲"，大部分的祖辈家长既有闲暇时间，也自认为有带孩子的经验。据调查显示，我国城镇有五成多的孩子跟着爷爷奶奶或姥姥姥爷长大，孩子的年龄越小，与祖辈在一起生活的比例越高。那么隔代教育这种模式好不好？如果隔代教育不可避免，我们又该怎样"扬长避短"，给孩子更好的成长体验呢？

案例

　　3岁的暖暖上幼儿园了，但是分离焦虑非常严重，三天两头请假。老师打电话询问缘由，家长回复说孩子身体太弱，一上幼儿园就生病。

　　家访时获知，暖暖被爷爷奶奶和保姆带大，万般宠爱。入园之前，因为担心走路摔倒，都是让保姆抱着，极少自己走路，至于其他的生活自理技能，更是从未让孩子学习过。在幼儿园，暖暖各方面的发展明显不如同龄的小朋友，很多活动都需要借助老师或者同伴的帮助才能完成，孩子因此沮丧、焦虑，而她的奶奶似乎并不在意这些，只关心孙女能不能喝上水、吃饱饭。

　　开亲子运动会时，暖暖的爸爸妈妈来参加，却连孩子在哪个班级都不知道，也不认识老师。

········ 分析 ▶

一 隔代教育的类型 ▶ ··

隔代教育分成四种类型：过分关注型、过分监督型、严厉惩罚型、民主理解型。第一种类型是祖辈对孙辈呵护备至，代劳居多，这样容易导致孙辈的懒惰和依赖心理；第二种类型是孙辈做任何事情都要祖辈推着走，容易导致孙辈依赖和缺乏信任感；第三种类型祖辈对孙辈以批评、责罚为主，会导致孙辈自闭、自卑心理；第四种类型是最为理想合适的一种类型，但是现实情况下却很少。

显然，暖暖小朋友家的教养模式，属于第一种"过分关注型"。但在这样的环境中，并没有养育出一个能够悦纳并适应新环境、各方面发展正常的孩子。中国社会历来重视孩子的成长，孩子的个性和社会性的发展与其家庭有着极大的关系。如暖暖家这种，祖辈完全代替父辈进行孙辈的养育称为"代理父母"，父辈完全充当"甩手父母"，对孩子的影响注定是消极的。

二 隔代教育的现状 ▶ ··

当前隔代教育正成为很多家庭的教育特色。中国是现今世界上隔代教育比例较高的国家，其隔代教育比例之高，当居世界前列。在当代社会，隔代教育已经成为一种十分普遍的现象。据中国老龄科研中心对全国城乡20083位老人的调查，隔代照看子女的老人占了66.47%，隔代抚养子女的女性老人在城乡更是分别高达71.59%和73.45%，有关部门对30个省市的3080个老人家庭进行抽样调查表明，有58%的家庭在帮助照管子女的下一代。

在孩子安全感形成的关键期0—3岁期间，母亲是很难取代的，若这个时候的母爱缺位，将严重影响孩子的安全感。这大概也是暖暖发展不佳的症结所在。然而我们也绝不能因此而全盘否定隔代教育的价值，毕竟祖辈父母有时间、有经验、有阅历和平和的心态，这些若是可以正确的运用，将产生非常正面的影响，同时对形成和谐的家庭氛围很有效果。研究表明，隔代教育不是问题，不合适的隔代教育才是问题，关键在于祖辈的隔代教育和亲子教育能否进行有效地衔接，并且在观念和价值上能否保持一致。事实证明，祖辈有限地参与孙辈的教育，并与父辈角色互补，形成一致性，这对孙辈的成长将是非常有利的，同时对祖辈的健康和晚年生活也非常有利。

建议

隔代教育固然有其问题，如育儿观念上的差异、老人对孩子的溺爱等，但祖辈对孩子的看护和教育，也有很多积极因素，只要我们理性面对，并加以引导，隔代教育也可以精彩纷呈。

一 ▶ 互相理解，及时沟通

"祖辈家长"耐心、细致，有充裕的时间和精力，而且愿意花时间与孩子在一起生活。他们不仅照顾孩子的生活，提供学习的条件，对孩子进行适当指导，而且能够耐心地倾听孩子的倾诉，与孙辈之间容易建立融洽、和谐的关系，这都为教育孩子创造了良好的感情基础，利于祖孙两辈的身心健康。当"祖辈家长"和孩子的父母在教育孩子的意见上不一致时，要避开孩子，商量更科学合理的培养方法，达到认识上的统一。当年轻父母对孩子进行严厉教育时，祖辈不要当面干涉，让孩子懂得尊重父母，更不要在孩子面前暴露教育方面的分歧，维护孩子父母的威信。顺畅沟通是解决隔代教育问题的重要方法，毕竟，充满爱的家庭，才是孩子成长过程中最重要的因素。

二 ▶ 承担责任，榜样示范

年轻的父母一定要担起自己应担的责任，要认识到子女的健康发展离不开父母的关爱和呵护，在他们性格形成的关键时期，父母必须起到榜样作用。缺少亲子教育的家庭教育是不完整的家庭教育，而隔代教育只能是亲子教育的补充而不是替代。一个人在成长过程中如果缺少父爱，会让他日后产生自卑和不安全感；而缺少母爱的家庭会缺乏幸福感和亲切感，所以年轻的父母不管你在忙什么，都得给出和子女一起成长的时间和空间，切勿把子女的教育权、抚养权全部交给老人。

三 ▶ 统一观念，形成合力

作为父母，要承认老人带子女是有一定益处的。比如，在照顾子女饮食起居的问题上，老人更有经验，能够轻松地解决子女生活中出现的各种问题，祖辈帮助分担养育子女的重任，对忙于工作的年轻父母是极大的支持。关于祖辈对子女隔代亲的情感需求，要尊重和理解，要懂得适当妥协，避免矛盾的尖锐化。祖辈们也要给自己定好位，教育方式方法上要多跟孩子的父母交流，教育中既不能缺席，也不能越位。同时，在家庭教育中，祖辈父母一定要相互配合，形成教养合力，即使在方法上有一些冲突也应当私下调解。由于两代人教育理念确实存在差异，难免会产生分歧。那么，在教育过程中要建立明确的界限，以谁的理念为主或者说的为准。

四 ▶ 构筑学习平台，促进发展

家长只有在不断学习的基础上教育子女，才能克服家庭教育的盲目性。毕竟子女的成长只有一次。这个道理每个父母都知道，所以不管是祖辈还是父辈，都应不断学习科学的育儿知识，包括教育学和心理学的知识，以了解孩子的身心发展特点，抓住关键期进行教育。还要多学习现代合理有效的教育方法，言传与身教结合，并且要积极参加家庭教育讲座，阅读家庭教育书籍以及修习家庭教育课程等，用科学的方法来了解孩子、走进孩子、教育孩子。

五 ▶ 家园教育同步，幼儿园发挥引领指导作用

幼儿园对家庭教育的指导非常关键，家长可通过家长会、家长委员会、家长开放日等，了解幼儿园的教育理念，在家配合贯彻实施，更好地配合幼儿园和老师的工作。多参加幼儿园组织的各项活动，如家长体验周活动和伙委会，亲身参与幼儿园安全、饮食、教育管理，交流育儿经验，倾听家长心声，解除教育困惑，纾解焦虑心理，满足家长对管理工作、教学工作提出的合理要求。同时利用家长学校、家长网校、宣传栏的学习，树立正确的育儿观，了解孩子身心发展的规律，选择适合自己孩子的教育方式，培养孩子良好的行为习惯和健全人格。

思考与应用

　　家庭成员可以共同阅读教育类书籍，针对书籍中的理论和案例进行探讨，不断学习。不管作为年轻家长还是祖辈家长，给予孩子最好的教育就是做好自己，为下一代做好的表率，共同成长。

　　家庭、学校和社会是孩子成长的三大环境，三者相辅相成，缺一不可。3—4岁孩子从家庭步入幼儿园，在入园初期，容易产生入园焦虑，如哭闹、生病、挑食、不合群等问题。家长也会焦虑、担心、不知所措、过分关注，特别需要与幼儿园老师加强沟通，了解孩子的在园表现，并向老师介绍孩子的在家情况，以增进老师对孩子的了解，避免造成家园之间的误会。

　　家园鼎力合作是良好教育效果的有力保障，良好的家园关系应该是：家长支持老师，老师支持家长，家长和老师共同引导孩子快乐成长。只有家园密切合作，加强沟通与交流，达成教育共识，才能形成家园合力，促进孩子健康发展。家长应借助幼儿园提供的家园共育平台，主动学习科学的家庭教育知识，提高家庭教育能力，保持家园教育的一致性。

　　本篇内容可帮助家长缓解育儿焦虑，树立家园协同育人理念，积极走进幼儿园，多与老师沟通，积极参加家园共育活动，携手幼儿园提高孩子自理能力，培养阅读兴趣，共同帮助孩子适应幼儿园生活，迈上成长新台阶。

和老师交流有方法

家有萌宝初长成，三岁进入幼儿园。当孩子踏进人生的第一个小社会，急坏了父母长辈一干人，孩子在幼儿园怎么样，能否吃饱穿暖，有没有哭，有没有被别人欺负？满脸的焦急和疑问。许多家长认为孩子年龄小，不能很好地表达自己的状态。于是，焦点就聚集在幼儿园老师身上，不分时刻，逮着老师就会追问。而刚刚接手孩子的老师，还没有分辨清每个孩子的个性特点，便被一堆类似问题包围后，有时回答得不一定尽人心意，家园交流就会出现不和谐音符。

案例

新学期开始，3岁的乔乔来到幼儿园，由于爸爸妈妈工作忙，乔乔由奶奶接送。

入园第一周，乔乔每天都哭，奶奶心急如焚，就向老师询问："我们孩子从小不爱哭，为什么上幼儿园总是哭？"虽然老师从入园焦虑和孩子性格特点等角度进行了解释，奶奶还是放心不下，躲在幼儿园围栏外面偷偷观察。眼尖的乔乔看到奶奶藏在外面，哭得更厉害了！奶奶更不放心，又问老师："为什么乔乔哭得更厉害，是不是受委屈了？"过了一段时间，乔乔终于初步适应了幼儿园生活，奶奶每天接孩子的第一句话就是："老师，乔乔今天表现怎么样？"

面对千篇一律的问题，老师很无语，自己每天要关注班里三十个小朋友，还要天天给奶奶回答同一个问题。日复一日，老师的回答也变得比较笼统："乔乔挺好的。"时间一久，奶奶心里嘀咕："是不是老师不喜欢乔乔，怎么每次都说挺好，是真的吗？老师根本没注意到乔乔吧！"无形中家园交流出现了小疙瘩。

分析 ▶

案例中的奶奶，在新入园家长中不乏其人。导致家长和老师沟通困惑的原因有以下几种：

一 家长缺乏科学的入园观念 ▶

一些家长没有认识到家庭和幼儿园的区别，简单地认为小孩子从家里到幼儿园是很容易的事情，其实不然，对孩子来说，家庭成员较少，交流单一，长期生活形成的默契，可能一个表情、一个眼神，家长就会了解孩子的想法和感受，幼儿园则不然。新学期伊始，孩子离开家庭，独自面对陌生的环境，本来就容易产生分离焦虑，如果孩子的个性又比较柔弱，自理能力和适应能力相对弱，融入集体便会更慢一些，这都是正常的入园问题。如果家长没有意识到这一点，盲目地从老师、幼儿园身上找问题，甚至用消极的语言、态度面对孩子入园适应的困难，往往会适得其反。

二 交流的问题缺乏针对性 ▶

一些祖辈的家长，缺乏科学育儿知识，他们的关注点更容易集中在吃和穿上。这些简单重复的问题，老师疲于回答。刚入园的孩子，交流重点应该是家园如何合作使其尽快适应集体生活。老师在这方面有丰富的经验。家长结合自己孩子在家庭中的表现和性格特点，反馈给老师，更有利于"对症下药"。

三 教育责任全部推给老师 ▶

许多家长认为，孩子进了幼儿园，就是进入了管吃管睡管教育的"保险箱"，不论出现什么问题，老师的教育是万能的，这是一种推卸责任的做法。老师虽然有着多年的幼儿教育经验，但是一下子接手这么多孩子，需要一个逐步了解的过程。同时，也需要家长的积极支持与配合，才能更好地促进孩子的全面发展。

四　每天坚持的询问表现出对老师的不信任 ▶

众所周知，幼儿园老师每天工作量和压力巨大，老师们要关注到若干个家庭中的"唯一"，如果发现某个孩子出现什么问题，出于教育者的本能，不用家长追问，老师就会主动联系家长，选择合适的时间进行交流沟通。而每天千篇一律的问题则会让老师产生"家长是否信任我"的想法，同时接送孩子人多时，老师需要关注全体孩子，这时没有时间单独回答家长的此类问题。

建议

治标先治本，要打通新入园家长和老师交流沟通的途径，除对老师们提出要像对待自己的孩子一样对待新入园孩子外，对家长们也有一些建议。

一 ▶ 丰富知识，做好科学入园准备

年轻的家长送孩子进入幼儿园前，需做好以下准备：

1. 心理建设。入园前几个月，家长要和孩子经常谈论幼儿园，让他们知道上幼儿园是长大的表现。多带孩子到幼儿园周围，看看大孩子们的户外活动，激发孩子上幼儿园一起玩的欲

望；还可以去有上幼儿园孩子的同事或邻居家做客。通过孩子们之间的交流，知道幼儿园有喜欢他们的老师，可以结交新朋友，玩许多玩具，大家一起很开心。当然，以现在孩子的智商和情商，家长也要如实告诉孩子："幼儿园都是小朋友们一起玩，爸爸妈妈下班就去接宝宝。"真实的交流有利于孩子全面了解、适应幼儿园生活。

2. 生活准备。在入园前，在生活上要让孩子学会独立：如主动喝水，自己用勺进餐不挑食，有规律大小便等。要为孩子准备适合的服饰，如宽松舒适易于穿脱的衣服，简单合脚有粘扣的鞋子，并让孩子学会认识自己的服装用品等。当然也要适当调整作息规律，向幼儿园时间安排靠拢。此外，刚入园时，一定带好备用衣物，以便老师给孩子及时换洗。

3. 人际交往。平时家长多带孩子到小区或朋友家走动，教孩子学会和别人打招呼问好，能介绍自己的名字。在和其他孩子游戏过程中，家长教育孩子不争抢玩具，尝试关注别人，鼓励孩子协商解决问题，出现矛盾时积极向成人求助。

当家长把一名有准备的孩子送进幼儿园，就已经获得了老师的认可和支持。

二▶ 信任老师，用合适的方法沟通

家长的信任是老师做好工作的动力。绝大多数一线工作的教师是值得信任的，所以出现问题时，家长一定不要着急，要仔细分析问题，用合适的方法和老师交流。比如一名刚入园不久的孩子，经常告诉家长"小朋友打他"。家长首先要做的是安慰孩

子，提醒他出现问题及时告诉老师；其次要以信任的态度，冷静地和老师沟通，了解真实情况。

三 ▶ 交流沟通，询问问题要有针对性

孩子刚入园，家长们当然一百个不放心，及时和老师沟通非常有必要。沟通最好结合孩子入园后在家里的变化、出现的问题，一方面为了解决问题，另一方面也为了提醒老师关注此类问题。家长提出有针对性的具体问题，老师就会拿出针对性的解决方案。一般情况下，幼儿园老师通常会把孩子们分成几个小组，分批次和家长单独交流，有特殊问题则会随时交流解决。

四 ▶ 和孩子说"再见"时，说话注意技巧

送孩子入园时，经常能听到妈妈们依依不舍地嘱咐："在幼儿园多喝水，好好吃饭……"其实家长和孩子说"再见"最合适的语言是："今天老师会和你们玩得很开心，晚上和妈妈分享一下今天的趣事啊。"

五 ▶ 父母克服困难，参与孩子教育

孩子刚上幼儿园的年轻家长，正是事业忙碌阶段，教育孩子的重任常常落在祖辈身上。从科学教养来说，这是不合适的。建议年轻的爸爸妈妈百忙中多参与孩子的教育，特别是出现"二孩"后，对年轻家长们的要求既要生养好，又要教育好。家长们要充分利用网络空间，忙中偷闲和老师互动，互促共长，有利于家园教育一致性。

思考与应用

　　新入园家长，建议按照老师的要求接送孩子。接到孩子后，不要过度交流生活细节，要多谈愉快的话题，如老师带小朋友玩什么游戏等。聊天式谈话肯定了幼儿园的快乐生活，既能够使孩子产生安全感，又可以解读出孩子存在的问题，使家长和老师交流的目标更明确具体。

第39课 家园"悦"读促成长

　　一谈到阅读，大家想到的可能就是看书、识字，有的家长会说："我的孩子又不认字，怎么阅读？"其实，对于3—4岁孩子来说，他们听成人讲故事、复述故事、发表自己对故事的见解等都属于阅读的范畴。一个孩子如果父母喜欢阅读、家中充满书香气，幼儿园又注重阅读活动的开展，那么孩子也会爱上阅读。

案例

　　西西3岁半了。一天离园回家的路上，他高兴地对奶奶说："今天午睡时，王老师又给我们讲《动物绝对不应该穿衣服》的故事了，太好玩儿了！咱们家也有，我回家就看！"

　　回到家，西西洗干净手，立刻进房间找书去了。一会儿便兴奋地大喊："奶奶快来！奶奶快来！"接着，一边翻书，一边指着图画给奶奶讲起来，边讲边哈哈大笑，奶奶也开心地说"宝贝讲得太好了，这书确实很有趣！"

　　晚上睡觉前，西西问爸爸："爸爸，今天的睡前故事讲什么？"爸爸拿出一本《好饿的小蛇》绘本，将西西揽在怀中，指着封面对孩子说："西西，你看这是一本新书，看看上面有什么？小蛇的表情是怎样的？"

　　……

　　爸爸又把书翻到封底，指着封底对西西说："现在，我们来看看封底，上面的小蛇怎么了？你觉得可能发生了什么事情呢？"

"小蛇好像有点生气，又像是睡醒了，身体都直起来了！爸爸，小蛇到底怎么了？快讲吧！明天我还要讲给老师听呢！"

于是，爸爸轻轻地打开书，和西西一起边聊边看起书来……

分析 ▶

案例中，西西是个喜欢读书、愿意交流的孩子，奶奶是个懂得陪伴、适时肯定孩子的明智之人，爸爸是个耐心细致、懂教育方法、负责任的爸爸。全家给西西的阅读创造了良好的家庭氛围。老师选择的绘本也是符合孩子年龄特点的，激发了孩子阅读的兴趣，更调动了孩子的积极性。孩子在这种温馨舒适、协调一致的环境中，不仅培养了良好的阅读习惯，而且从中真正感受到阅读的快乐，做到"悦"读"悦"美。

一 亲子阅读益处多 ▶

无论幼儿园还是家庭，对孩子的阅读影响都是不可忽视的。人类80%的知识都是通过阅读获得的，孩子在阅读中获得智慧，激发好奇心和探索欲望。比如西西听老师讲故事后主动回家看书，满足了好奇心，重温了知识。而家园之间密切地衔接，不仅让孩子感受到暖暖的爱，还促进孩子语言、认知、社会交往等能力的发展，帮助孩子建立了自信心。

二 优秀绘本启心智 ▶

老师和家长为孩子选择的绘本，是适合孩子年龄特点的，能引发孩子的探究欲，所以孩子非常喜欢。儿童文学家彭懿先生说过："经典图画书以震撼心灵的方式让孩子感知生命，解说父母无法用生动言说的挫折、灾难、离别和死亡……"因此，为孩子选择经典绘本很重要。

建议

> 既然阅读对孩子这么重要，家庭和幼儿园该如何合作让孩子爱上阅读呢？

一 ▶ 提供良好的环境

家长和幼儿园要为孩子创设良好的阅读环境，提供一定数量、符合幼儿年龄特征、富有童趣的图画书，如立体书、洞洞书、抽拉书等，有意识地为孩子创造安静的阅读空间。幼儿园可创设班级图书角，开展图书漂流、书香家庭评选、读书打卡等活动。建议家庭每天进行10—15分钟的睡前故事活动，从"听故事"逐步过渡到"读故事"，逐渐让孩子喜欢阅读。有条件的家庭可设立一个读书屋或一个小书架，孩子可以随意选取自己喜爱的书籍，轻松自在地去阅读。

二 ▶ 选择适合的内容

合适的内容激发孩子阅读的兴趣。孩子3—4岁时，教师和家长应选择主题鲜明、内容生动、形象突出、画面清晰、情节简单、色彩鲜艳的图书，同时纸质较厚又装订牢固，便于孩子翻阅。同时，家长还应在孩子入园后多与教师交流了解孩子在园的阅读情况，家园合力才能达到教育成效最大化。

三 ▶ 进行适宜的引导

恰当的引导能培养孩子良好阅读习惯。阅读前，给孩子几分钟的准备时间，如上厕所、喝水、洗手等，然后调整舒适的姿势，做好聆听或读书的准备。阅读时，可引导孩子先欣赏封面、封底。封面上的图，通常是故事的精华，暗示故事发展的线索或故事中的精彩内容，可引发孩子一探究竟的兴趣。在阅读内文时，为了吸引孩子的注意力，可用夸张的语气，还可以加一些动作，如拍手、跺脚、跳跃等，夸张的声音甚至奇怪的表情动作，会让孩子印象更深刻。阅读结束后，可对图画书故事情节进行问答，启发孩子思考，训练其思维能力。另外在多次阅读后，孩子对内容熟悉的基础上还可以进行角色扮演。

四▶ 提前恰当的取舍

幼小班孩子年龄小，对于故事内容过长、情节复杂的故事较难接受和理解。因此在给孩子讲故事时，首先要做到心里有数，对要讲述的内容提前预习，才能知道书的内容里哪些是适合孩子的，哪些内容应该暂时忽略，哪些可以扩展去讲，然后设计孩子喜欢且易于接受的讲述方式。西西爸爸就是提前做足了准备，适时、恰当地引导，让孩子很快进入了故事情节。在亲子参与过程中，孩子的阅读能力得到提升，更重要的是，亲子间的情感交流，是孩子成长中最需要的营养成分，任何人也代替不了父母所能给予孩子的这种爱，这种爱让孩子在人生的初期，感受到了阅读带来的幸福，并让他一生爱上读书。

五▶ 集体引导很重要

集体引导促进家园阅读活动的规范持续开展。阅读活动帮助孩子把前期获得的口语经验和正规的书面语言联系起来，从听故事逐步过渡到读故事，虽不以识字为主要目的，却让孩子不知不觉中识别了文字的符号，为以后的语言发展打下良好的基础。幼儿园可每周开设一两次阅读集体活动，教师引导孩子一起阅读图画、理解故事、创编故事等。特别是活动后的拓展活动，可以多领域协调发展，如制作小书、复述故事等，让孩子与成人一起享受了阅读的快乐。

思考与应用

1. 阅读打卡

每天跟孩子在固定的时间进行阅读15分钟，坚持21天。如《是谁嗯嗯在我的头上》《鸡蛋哥哥》《花格子大象》等图书。

2. 复述游戏

家长和孩子轮流讲故事，讲完后另一个复述。这是培养孩子的语言表达能力、记忆能力、注意力于一体的好游戏。

第40课　家园携手培养孩子自理能力

生活自理能力和劳动习惯的形成，有助于孩子的责任感和自信心的培养，同时也会对孩子今后的长远生活产生深厚的影响。有些家长受"树大自然直"的教育误区影响，认为3—4岁的孩子还小，长大就会了，没有必要专门培养其自理能力和劳动习惯。殊不知，这种做法剥夺了孩子获得自理能力和照顾自己的机会，容易使孩子养成遇事容易依赖别人、不够自信、意志力弱等不良意志品质。

案例

3岁5个月的妞妞，进入幼儿园小班已经有四个月了。刚入园时，小朋友们虽然拿勺子的姿势不太标准，吃饭时会撒一点饭，但是大部分都会自己主动吃饭。而妞妞一到吃饭的时间就坐在小椅子上一动不动，一开始老师以为这是分离焦虑的体现，为了让妞妞能够吃饱，每顿饭都一勺一勺喂她吃饭。

可是两个月过去了，妞妞依然需要靠老师喂来吃饭，老师找来了家长交谈，了解到妞妞家的一些情况。妞妞的爸爸妈妈经常出差，从1岁开始基本和爷爷奶奶生活在一起，从开始添加辅食，奶奶就每天按时喂妞妞吃饭。两岁时，妈妈也曾想过让妞妞尝试自己吃饭，但看到妞妞不用勺子反而喜欢用手抓饭、餐桌上被弄得乱七八糟时，妈妈就退缩了。一方面妈妈觉得奶奶每天在家照顾妞妞已经够辛苦了，想到她每次做完饭还要来收拾妞妞弄的"乱摊子"，确实有些于心不忍；另一方面，妈妈认为，"孩子大了都会自己吃饭的，不管怎么样吃饱才是最重要的"。就这样，妞妞直到小班上学期结束时，也没有学会独立进餐……

分析 ▶

从案例中不难看出，妞妞从小就被奶奶精心呵护和照顾，从而养成了吃饭靠成人喂的习惯。由于家庭教育的偏差，有很多家庭的孩子像妞妞一样，自理能力差，没有参与家务劳动的意识，从而养成了衣来伸手、饭来张口的不良习惯。这其中的主要原因，与家长们的一些教育不当行为有着极大的关系。

一 重视智力培养，忽视自理能力培养

有些家长都非常重视孩子智力开发和知识教育，却轻视了对孩子自理能力和劳动习惯的培养。有些家长会认为吃饭、脱衣等这类事情等孩子大了就会了，不必专门训练。也有些家长不信任孩子的能力，认为孩子太小，什么都不会，怕孩子会受伤，因而不敢轻易让孩子动手。久而久之，孩子便养成了凡事都要指靠家长的习惯。

二 溺爱和包办，剥夺孩子锻炼的机会

孩子从一生下来就被家人视为掌上明珠，一家人都会把所有的精力花费在孩子上。从最基本的自我服务开始，有些家长宁愿自己累一些也要选择包办代替，他们认为孩子学习自己吃饭、穿衣会累，甚至有时候孩子想自己尝试着去做，家长都会担心孩子会受伤、会累而剥夺了孩子尝试的机会。然而，在这个他们自认为是帮助孩子的过程中，孩子对家长的依赖性会越来越强，从而失去了最基本的自我服务和劳动的能力。

三　教育方法失当，挫伤孩子的主动性

由于孩子肌肉发展和手部精细动作发展还不完善，手眼协调能力也还在发展中，在自主行动中经常出现：吃饭会把饭弄得身上、餐桌上、地上到处都是；洗手不但没把手洗干净还把衣服弄湿一大片；扫地不但没有把垃圾扫起来，反而把旁边的小家具碰倒了等情况。家长在面对这些状况时，往往会缺乏耐心，该鼓励的时候选择了怪罪，该配合的时候选择了放弃，不让孩子再去动手尝试。这样一来，家长的确节省了时间，但却极大地阻碍了孩子自理能力的发展和劳动意识的养成。

建议

根据孩子的心理发展规律来看，孩子年龄越小，可塑性越强。孩子生活能力的培养有助于促进其独立意识的发展，进而有助于孩子养成良好的劳动习惯，懂得生活的基本技能以及正确处理生活问题的方法，还可以让孩子的责任感和道德感等方面得到长远的发展。因此，在3—4岁这一阶段，家园双方应及时沟通，达成共识，形成合力，努力培养孩子的自理能力和劳动习惯。

一▶ 转变观念，培养孩子生活自理意识

在培养孩子的自理能力和劳动习惯方面，父母与老人必须明确、统一教育观念，从生活中的小事着手，不断地给孩子创造机会，鼓励孩子进行尝试，在练习中学习穿脱衣服、整理玩具、整

理床铺、正确洗手、上厕所等，让孩子体验生活自理和劳动所带来的快乐。

二 ▶ 注重技巧，采用科学的生活自理方法

3—4岁的孩子喜欢亲自尝试，但由于身心发展特点所限，他们缺乏自理方法，尝试失败后容易获得挫败感。因此，家长可以通过鼓励孩子不断尝试，帮助孩子拥有基本的生活自理意识后，再教给孩子具体而科学的自理方法，鼓励孩子再次尝试。3—4岁的孩子往往喜欢模仿，喜欢提问，但是注意力也比较容易被转移。所以，为充分引起孩子的学习生活技能的兴趣，可以将一些生活小技巧创编成朗朗上口的儿歌，让孩子在游戏中学习。比如，当家长在教孩子正确叠上衣时，可以边叠边说："小衣服，铺平整，弯弯腰，抱一抱"，让孩子在愉悦的氛围中学习叠衣服的正确方法。对于孩子的大胆尝试家长要及时鼓励和表扬，进而增强孩子的自信心，给予孩子继续学习的动力。

三 ▶ 家园共育，共同培养能力和习惯

在幼儿园，老师会根据孩子的年龄发展特点以及教学安排对孩子提出适当的要求，所以大部分孩子都能够进行自我服务：吃饭不把米粒洒在桌子上、睡觉前把衣服叠整齐、自己的垃圾自己收拾等，但是有些孩子回到家却是另一副模样。面对这样的孩子，家长需主动与老师沟通，了解孩子在园的自理情况，探讨孩子不良行为形成的原因，同时反思是不是自己或者老人的一些行为阻碍了孩子的发展。家长应懂得培养孩子的自理能力和

劳动习惯，绝不仅仅是幼儿园老师的责任，也是家长的责任。只有家园常沟通，确立共同的教育目标，通力合作，才能帮助孩子养成良好的自理能力和劳动习惯，进而培养孩子的独立意识和责任意识。

思考与应用

　　家长可以通过一些儿歌、口诀，教给孩子做一些常规的自我服务和劳动。

第41课

家园合力缓解"假后入园难"

孩子适应幼儿园生活是一个过程，家庭和幼儿园环境之间的差异，是孩子不适应的主要原因。特别是对小班的孩子，一般在长假期间，孩子往往不能按照正常的作息时间来生活，以至于不少孩子会出现节假日后入园不适应的现象，所以家长要尽量和孩子一起保持正常的生活规律，帮助孩子有效度过节假日后的入园适应期。

案例

慧慧3岁半了，今年刚上小班。经过一个月的时间，基本适应幼儿园生活，也愿意上幼儿园了。国庆节到了，爸爸妈妈都想在假期中带慧慧好好玩一玩，放松一下，于是慧慧的许多要求得到了满足：早上不用按时起床了；想去哪里玩，爸爸妈妈就带慧慧去哪里，想吃什么，妈妈马上给买什么；晚上爸爸妈妈看电视、玩手机睡得比较晚，慧慧也跟着玩到很晚……假期结束后，爸爸妈妈上班，慧慧也该上幼儿园了，可是慧慧又回到初入园时的状态，哭闹着不想上幼儿园，妈妈说："爸爸妈妈都要上班，家里没人，谁来照看慧慧呀？慧慧还是上幼儿园找老师、小朋友玩，妈妈下了班就去接你。"不管妈妈怎么说，慧慧就是不想去，没办法妈妈连拉带拽把慧慧送进了幼儿园。

几天过去了，慧慧还是没有适应过来，甚至在幼儿园有时也会哭闹。爸爸妈妈一时不知该怎么办，就把慧慧送去了奶奶家。奶奶从小就对宝贝孙女疼爱有加，看到孙女不想去幼儿园，就说："慧慧说不去，咱就不去了，在家奶奶看着吧，奶奶这就喂慧慧吃饭。"慧慧听了直点头，爸爸妈妈见状，无可奈何地摇着头上班去了……

分析 ▶

长假后，孩子不愿意上幼儿园也是一种正常现象，就像大人不想上班一样，开始都会有点抵触情绪，但一般只要适宜引导，多数孩子很快就会适应过来。慧慧为什么抵触情绪这么严重？根据案例的描述，主要原因如下：

一　家长的放纵让孩子不想再受约束 ▶

在案例中可以看出，假期中家长觉得要和慧慧好好放松放松，凡事以孩子为中心，过分顺从和满足孩子的需求。这样，慧慧在家里可以随心所欲。回到幼儿园中，则不能像在家里那样无拘无束了。虽然有好多小朋友可以一起玩，但在交往中孩子们要遵守一定的规则，要克服以自我为中心，做事要相互谦让。因此，相比之下慧慧就会产生抗拒心理，不愿上幼儿园。

二　随意的生活打破了孩子正常作息规律 ▶

在假期中，家长和孩子不按照正常的作息时间生活，这样扰乱了孩子入园后刚刚在幼儿园形成的常规生活方式，也破坏了孩子建立的一些生活秩序，不但影响孩子生长发育，更和幼儿园有序的生活形成鲜明对比，为孩子正常入园带来了很大麻烦。

三　家长的包办替代使孩子依赖性强 ▶

假期时间孩子一直有爸爸妈妈陪在身边，不断满足自己的要求，无形中增强了孩子的依赖性。当孩子不想上幼儿园时，就被送到奶奶家，奶奶还给孩子吃上"定心丸"——不用去幼儿园。娇宠型的教养方式让家人对孩子都是疼爱有加。日常生活中的一些溺爱使得家长的包办替代比较多，在家中孩子缺乏一定锻炼，自理能力及独立性比较弱。但在幼儿园生活吃饭、洗手、上厕所等一些事情需要孩子学会独立完成，孩子在家中已习惯依赖家长，在幼儿园却找不到依靠，自己又做不好时，就会影响其信心和情绪，增强对幼儿园生活的抵触，由此加重孩子不愿上幼儿园的心理。

建议

根据以上原因，家长可以尝试从以下几方面来做，尽快帮助孩子度过节假日后入园适应期：

一 ▶ 以身作则，树立榜样

节假日里，有些家长自身会过度放任自己，造成每日饮食、睡眠都失去原有规律，经常出现暴饮暴食、外出或玩游戏到深夜等现象，直接影响孩子正常的生活秩序。因此想要孩子节假日后能够顺利适应幼儿园生活，家长首先要从自身做起，按时起床、正常就餐、合理组织外出等，尽可能减少改变正常的生活方式和作息时间，为孩子树立好榜样。

二 ▶ 提前过渡，积极引导

在一些假期中，许多家庭会有计划做一些事情，如外出旅行、朋友聚会、走亲访友等，不可避免地影响了正常的生活秩序。那么在开学前的几天时间里，家长应尽快恢复之前正常的生活规律，和孩子一起静下来收收心，按时起床、用餐、睡觉、看书等，帮助孩子逐步适应、接纳以往有规律的生活节奏。同时，提早和孩子回顾幼儿园快乐的生活，还可以帮孩子约好朋友一起玩耍，让孩子在情感上、心理上提前回归幼儿园。

三 ▶ 态度坚定，耐心对待

在开学前几天，家长就要和孩子坚定地表明态度，过完假期爸爸妈妈要上班，孩子也得上幼儿园了，这是我们都要遵守的规则。家长的态度很大程度上决定了孩子的态度，全体家庭成员要统一战线和思想，开学后坚持接送孩子入园，不能因心疼孩子迁就顺从孩子，让孩子觉得家里有靠山可以不去幼儿园；也要避免用焦躁、不耐烦的态度一味指责孩子，甚至是用"再不听话就送你去幼儿园，让老师治治你……"之类威胁的话，这样会让孩子更加抵触上幼儿园。

四 ▶ 及时沟通，尽快适应

家园合作共育是帮孩子更快适应幼儿园的最佳方式，因此家长应及时与老师沟通，让老师了解孩子情况，有助于老师采取适宜方式，来接纳孩子情绪，关注孩子状态，帮助孩子尽快适应。通过每天的沟通，家长了解孩子在幼儿园的表现，对于孩子的点滴进步都及时给予鼓励和表扬，让孩子从中获得精神支持和自信。

思考与应用

　　设计入园奖励表，每天和孩子用表情图记录入园情况，不哭不闹按时入园奖励一个笑脸，和孩子商定，一周获得3个以上笑脸，在家里显著位置呈现出来。根据笑脸数量获得不同小奖励，奖励内容可以和孩子商定。（注意不要纯物质奖励，注重精神奖励，如满足孩子一个合理的要求或愿望）

第42课 爱心架起共育"专线"

家园合作成功与否，往往取决于家长的参与态度。家长的理解、信任和支持，是保证家园共育顺利开展的前提条件。苏霍姆林斯基曾说过："教育过程中要充满爱和期待，如果把一份爱心放在家访中，就会取得意想不到的效果。"的确，家访是开展家园合作的重要途径，是家园共育最好的形式之一。家访中教师和家长面对面的交流，更有利于教师对孩子的深入了解，也能使教育更有针对性。家访中，家长如何与教师进行有效沟通呢？

案例

乐乐是小班的孩子，是小朋友公认的"小淘气鬼"。集体活动时，他总喜欢做各种小动作，一会儿碰碰积木，一会儿又惹惹小朋友。户外活动时，更是横冲直撞，毫无约束。一天之内，告状的小朋友接连不断："老师，他打我""老师，他抢我玩具""老师，他推我"……

一天，喝水时乐乐又开始"自嗨"了，把杯子里喝剩的水洒到身边小朋友头上。被洒的小朋友委屈地大哭，他却瞧着自己的"杰作"，哈哈大笑。

幼儿园里多次接到其他家长的投诉，老师也多次与乐乐家长进行沟通交流。每次家访时，乐乐妈妈总是以工作忙为由草草了事，还始终坚持说："我上班没空带孩子，孩子就听你们的，让乐乐上幼儿园就是让老师管教的。"对于孩子出现的个别教育问题，乐乐妈妈更是直接不想和老师多交流，刻意回避孩子在家的不良表现，总找一些"孩子开心才是最重要的""小男孩，就得多给些自由，让他尽情地耍"类似的理由。

分析 ▶

生活中像乐乐妈妈这样的家长屡见不鲜，一方面常常以"工作忙"为由，对孩子的教育不重视，不愿去了解孩子，主张"一切都听老师的"以为把孩子送进了幼儿园，对孩子的教育就是教师的事情了。虽然看得出家长对教师完全信任，但这样缺乏主见的沟通是没有任何效果的。另一方面，家长过于袒护孩子，在与老师沟通时，为孩子不良表现寻找"理由"，隐瞒实情，回避孩子的缺点，替孩子的行为和自己的职责推卸责任

案例中，乐乐在一日活动中缺乏规则意识和自我约束，自控能力较差，家长的这种教育态度助长了乐乐无规则行为的发生。家长完全忽略了自由与规则之间的关系，把培养孩子的规则行为作为让孩子自由发展的对立面，认为培养孩子的规则会阻碍孩子的自由成长。孩子的自由发展离不开规则，培养孩子的规则行为能够更好地保证孩子的自由发展。家长对孩子规则行为培养的忽视，也在一定程度上反映了家长自身规则意识的欠缺，于是导致了孩子在园的种种不良状况。

家访过程中，家长没有摒弃错误的认知，总是欣然接受孩子的种种表现，没有反思自己的教育方法是否适宜，一味地排斥和应付是达不到好的家访效果的，也不会解决实际问题。而教师没有家长的积极配合和深入交流，势必会影响到教育的针对性、有效性和科学性。苏联教育家苏霍姆林斯基曾说："没有时间教育孩子，就意味着没有时间做人。"幼儿期为人一生的充分发展奠定了重要基础，而家庭教育对孩子各方面的发展起着终身的潜移默化的作用。人与人之间最宝贵的是真诚、信任和尊重，而这一切的桥梁就是对孩子的爱。有了爱，家访才会零距离。

建议

家访是教育过程中教师和家长有效沟通的一个重要方式，期间教师要对孩子的成长环境和基本情况做实际了解，家长也会对孩子的在园表现有个正面、直接的认识和了解。说白了，就是相互交换信息的过程。只有处于这样一个平等的关系中，家长与幼儿园才能建立起信任感，从而让家园合作在孩子教育中发挥出最大的作用。

一 明确目的，积极回应

家访的目的通常为通过与家长面对面的交流，了解孩子在家的状况，了解家长对孩子的教育态度，一起讨论改进对孩子的教育方法，解决孩子的一些问题行为，实现家园共育。作为家长，一定要端正教育观念，理解教师家访的真正意义，明确家访的目的，积极回应，做到不回避、不推卸责任。如积极主动地向教师提供一些孩子在家的信息，以探讨交流更有针对性的方式方法。双方只有相互理解、深入沟通，教师才会针对孩子的真实状况提出有实际意义的教育建议和方法，有助于家园双方达成一致教育目的，有效促进孩子的健康成长。

二 正确定位，真诚交流

家长与教师都是孩子成长路上最重要的引导者，两者之间是目的一致的同盟者。因此，孩子在幼儿园遇到问题，如果家长需要教师帮助解决，则必须如实告知教师，及时进行真诚交流。

家长与教师的交流，都要先对双方进行正确定位：是朋友而非敌人，是协作者而非雇佣者，是责任共负而不是互相推诿。正确定位之后，心态自然就会趋向冷静、理智。理智的交流，就不会因孩子在儿园遇到问题而愤然偏激，而是会真诚地把孩子遇到的问题以协作者的态度告知教师，并提出自己的看法或疑问，耐心地倾听教师的解释，全面了解教师的教育目的及教育方法。如果双方的意见不一致，双方可针对孩子的个性特点，选择对孩子来说最为适合的教育方式。

三 ▶ 及时沟通、密切配合

家长和老师及时沟通、密切配合，是孩子健康发展的基础。家长要多方面了解孩子，向老师提供一些孩子在家的信息和具体表现，这样才能让老师更全面地了解孩子，齐心协力促进孩子的和谐发展。如跟老师介绍一下孩子的身体状况、饮食习惯、交往情况及兴趣爱好等。老师只有对孩子有了基本了解，在园时才能更有针对性地进行照看和引导。同时，家访是个双向了解、相互交底的过程。双方的教育观念要达成共识，如孩子成长的期望和目标、亲子之间的相处模式等。

四 ▶ 尊重信任，增进理解

家长要相信老师是敬业爱岗的、对孩子充满爱心的；家长要尊重老师，肯定教师的辛苦和付出，同时要引导孩子学会尊重老师。在家园沟通时，即使双方意见不一致，也应该妥善协商，求同存异。当孩子在幼儿园遇到问题，家长要尽力保持冷静和克制，了解事情的前因后果后，和老师共同寻求问题的解决之法。换个角度想，有时候几个大人照顾好一个孩子，都力不从心，又怎么能要求老师把几十个孩子照顾得无微不至呢？所以，家长要理解老师，多换位思考，相信家园沟通会越来越顺畅。

家访不仅是实现家园合作共育的手段，也能拉近教师、家长、孩子之间的心理距离。当老师来到孩子家，也就把对孩子的关爱带进了这个家庭，这种行动本身就是对孩子最好的教育，让孩子在无形的关爱中更好地成长。

思考与应用

家长可以真诚邀请老师进行一次家访，针对孩子的近期情况和老师深入交流，也可以把自己的教育见解分享给老师，并向老师了解先进的教育理念和科学的教养方法，达到家园共育的目的。

附录

3—4岁孩子心理发展特征

感知觉	视力	视觉敏度：视力随年龄的增长而逐渐提高，4岁孩子的正常视力可达1.0。 颜色视觉：3岁孩子还不能很好地区分各种颜色的色调，如蓝和天蓝，红和粉红。
	空间知觉	形状知觉：3—4岁孩子一般能辨别圆形、方形和三角形。 大小知觉：3岁孩子判断大小的精确度有所提高，能够按照语言指示拿出不同大小的物品。
	时间知觉	3岁孩子对"早中晚"时序不能正确认知。
	观察	3岁孩子对感兴趣的事物能仔细观察发现明显的特征，观察时间平均为6分钟左右，观察时需要借助手的指点。
记忆		3—4岁孩子无意识记忆（没有目的和意图，自然而然发生的记忆）占优势，出现可以保持终生的记忆，记忆带有很大的直观形象性并且没有记忆策略。
注意		无意注意（没有预定目的、不需要意志努力、自然而然的对事物产生的注意）占优势，容易被强烈的刺激干扰且不稳定，注意能集中3—5分钟，注意分配较差，顾及不到别人，常单独玩。
想象		3—4岁孩子想象迅速发展，无意想象（没有预定的目的，没做任何努力，自然而然地在头脑中出现的一些新的形象）占优势，想象活动没有前后一贯的主题，想象内容零碎且贫乏，数量少而单调。
思维		1. 直觉行动思维与具体形象思维并存，思维活动主要依靠感知动作进行，语言只是行动的总结。

思维		2. 思维基本过程的发展 （1）比较：3—4岁孩子不善于比较物体的相应部分，常常按照物体的颜色进行比较。 （2）分类：3—4岁孩子基本不能分类。 3. 掌握概念的特点 （1）实物概念：3岁孩子掌握的实物概念的内容基本上代表其所熟悉的某一个或某一些事物。 （2）数概念：3岁孩子能口头数10以内的数。 4. 判断和推理的发展 （1）判断：3岁孩子不能按照事物本身的客观逻辑进行判断，而是按照"生活的逻辑"进行不符合客观性的判断，孩子不能说出判断的依据。 （2）推理：3岁孩子常见转导推理（即从一些特殊事例到另一些特殊事例的推理），但是不会类比推理和演绎推理。
言语	词汇	词汇数量：3—4岁孩子词汇量为1700左右，词汇量的年增长率最高。 词类扩大：3—4岁孩子名词、动词和形容词等实词增长较快。 词义深化：3—4岁孩子仅能使用少量的量词，能使用描述人的外貌特征、情感和个性品质的形容词。
	语法	以简单句为主，复合句比例相当小；出现没有连词的因果复句；说话常用四个词以下的句子并且常漏掉主要词语。
	口语表达能力	3—4岁孩子主动讲述自己生活中的事情，但在集体面前讲话往往不自然；孩子言语表达具有情境性的特点，缺乏条理性和连贯性；讲述时常常主题不够明确、层次不够清晰。
情绪		基本特点：情绪不稳定并且容易变化，情绪完全表露于外，丝毫不加控制和掩饰。 情绪理解：3—4岁孩子能辨别面部表情，能结合情景对情绪产生的原因进行解释和评价。
个性	自我意识	自我评价：3—4岁孩子自我评价快速发展，大多依赖成人对他们的评价。 自我控制：3—4岁孩子的自我控制能力还不明显。

个性	个性倾向性	需要：3岁孩子生理需要很强，社会需要初步发展。 动机：3岁孩子直接的、近景的动机占优势；动机主要由外来影响所引起，其产生是被动的。
	个性心理特征	气质：3—4岁孩子气质发展速度最快，是孩子气质发展的关键期。 能力：3—4岁孩子操作能力最早表现，在游戏中逐步发展；语言能力和模仿能力迅速发展。
社会性		同伴关系：3—4岁孩子偏爱同性同伴，同伴关系更多建立在口头上。 性别角色：3—4岁孩子能分辨自己和别人是男是女，但不能理解性别的坚定性。 亲社会行为：3—4岁孩子只能知道他人所看，不能推断他人所想。 攻击性行为：3—4岁孩子攻击行为多为以抢夺和占有物品为目的的主动性的工具性攻击。 道德：3—4岁孩子处于前道德阶段，没有真正的道德概念和规则。
游戏		3—4岁孩子游戏中的交往主要是非社会性的，主要以独自游戏和平行游戏为主，彼此之间没有联系，各玩各的。

参考文献

［1］李季湄，冯晓霞.3—6岁儿童学习与发展指南解读.北京：人民教育出版社，2013.

［2］国家教育行政学院家庭教育研究中心组织编写.全国家长学校系列教材家庭教育读本（幼儿园小班）.北京：人民出版社，2018.

［3］王治芳.幼儿家长手册.济南：山东教育出版社，2018.

［4］俞敏洪，徐小平，王强.成长比成功更重要.北京：新星出版社，2017.

［5］鱼爸.和孩子一起成长，是最好的教养.天津：天津人民出版社，2017.

［6］薛梅，辛明.宝宝初入园——幼儿入园适应教育读本（家庭篇）.青岛：青岛出版社，2016.

［7］辛明，薛梅.宝宝初入园——幼儿入园适应教育读本（幼儿园篇）.青岛：青岛出版社，2015.

［8］刘万伦.学前儿童发展心理学.上海：复旦大学出版社，2014.

［9］周念丽.学前儿童发展心理学（第3版）.上海：华东师范大学出版社，2014.

［10］陈鹤琴.家庭教育.武汉：长江文艺出版社，2013.

［11］陈鹤琴.家庭教育.北京：中国青年出版社，2014.

［12］孔屏.牵手两代·好读又好用的亲子教科书·关注幼儿的认知发展（幼儿⑤）.北京：北京教育出版社，2013.

［13］孙玉梅.每天懂点孩子心理学.北京：北京理工大学出版社，

2013.

　　［14］孙瑞雪.爱和自由.北京：中国妇女出版社，2013.

　　［15］周月明，李雯，徐敏.不教的教育.北京：九州出版社，2011.

　　［16］孙瑞雪.捕捉孩子的敏感期.哈尔滨：黑龙江科学技术出版社，2011.

　　［17］徐宁.不可不知的82个幼儿入园问题.北京：化学工业出版社，2009.

　　［18］杨丽珠，吴文菊.幼儿社会性发展与教育.沈阳：辽宁师范大学出版社，2000.

　　［19］许卓娅.学前儿童音乐教育.北京：人民教育出版社，1996.

　　［20］刘金花.儿童发展心理学（第2版）.上海：华东师范大学出版社，2000.

　　［21］［美］詹姆斯·卢格.人生发展心理学.陈德民，周国强，罗汉，等，译.上海：学林出版社，1996.

　　［22］［意］蒙台梭利.蒙台梭利教育全书.紫心，编译.北京：中国商业出版社，2012.

　　［23］［美］吉诺特.孩子，把你的手给我.张雪兰，译.北京：京华出版社，2014.

　　［24］刘晓霞.重视卫生习惯养成，让孩子终身受益.赤子（上中旬），2015（24）.

　　［25］何真.家园教育一致性视角下幼儿家长责任及实现对策.新一代，2018（7）.

　　［26］朴银子.一日生活中培养幼儿良好行为习惯.现代教育科学.普教研究，2014（2）.

　　［27］崔财艳.小班幼儿入园焦虑的成因及其策略研究.教育现代化，2016（29）.

　　［28］郭莲蓉，左彩云.幼儿入园的适应问题及对策.鞍山师范学院学

报，2017（2）．

　　［29］唐娟．在游戏中进行科学的幼儿性别教育．陕西学前师范学院学报，2018（5）．

　　［30］曹梦婷．家庭环境对幼儿独立性发展影响研究．读与写（教育教学刊），2018（10）．

　　［31］王娥蕊、杨丽珠．3—9岁儿童自信心发展特点的研究．辽宁师范大学学报，2006（3）．

　　［32］华红艳．安全感在学前儿童发展中的意义．教育与教学研究，2013（5）．

　　［33］郭筱琳．隔代抚养对儿童言语能力、执行功能、心理理论发展的影响：一年追踪研究．中国临床心理学杂志，2014（6）．

　　［34］潘艳波．家长对幼儿美术教育的认识误区及指导建议．黑河教育，2017（10）．

　　［35］袁丽娜．浅谈小班幼儿美术绘画作品评价的几点做法．科技资讯，2013（14）．

　　［36］陈辉．倾听——音乐欣赏的必要途径．中国音乐教育，2005（9）．

　　［37］管风燕．幼儿园里试独睡．山东教育，2012（30）．

　　［38］党志强．浅谈家庭教育中的隔代教养问题．中国多媒体与网络教学学报（中旬刊），2019（10）．

　　［39］陈丽丽．隔代教养、祖孙依恋（依赖）与孙辈的心理发展．智库时代，2018（26）．

　　［40］顾郁艳．浅谈家庭教育的一致性．才智，2016（6）．

　　［41］凌琳．幼儿家庭教育中"父母一致性"问题的探析．才智，2019（14）．

　　［42］马俊妹．放手，让孩子成长——幼儿自理能力培养策略．江苏教育研究，2010（11）．

［43］张爱玲，冷木草.如何在家庭中培养幼儿的生活自理能力和劳动习惯.甘肃高师学报，2015（6）.

［44］张桂权.感恩意识与感恩教育.当代教育论坛，2006（1）.

［45］刘立新.家庭教育的误区.学前教育研究，2000（4）.

［46］黎安林.依恋研究对早期教育的意义.学前教育研究，2002（3）.

［47］陈延文.感恩教育，从感谢孩子做起.幼儿教育，2005（24）.

［48］周俊峰.感恩中悟德.上海教育，2005（19）.

［49］张博.不要让"恐吓教育"成为习惯.教育导刊（下半月），2014（11）.

［50］西鹿.隔代教育如何"扬长避短".中国审计报，2019.11.22.

［51］黄立安.综合美术活动对幼儿创造性思维发展的影响研究.上海师范大学博士学位论文，2015.

［52］侯莉敏.儿童生活与儿童教育.南京师范大学博士学位论文，2006.

［53］陈纳.幼儿应该主要学习什么——经验获得与幼儿发展关系的思考.华中师范大学博士学位论文，2014.

［54］郑卫东.幼儿合作行为发展特点及合作能力培养的研究述评.湖南师范大学硕士学位论文，2012.

［55］梁欣洁.幼儿合作行为的发展与培养研究.华中师范大学硕士学位论文，2013.

［56］孙兰.合作游戏情景下教师评价对大班孩子合作策略影响的研究.杭州师范大学硕士学位论文，2018.